3.11を心に刻んで 2015

岩波書店編集部編

目次

Ⅰ　3・11を心に刻んで

Ⅱ　歩み　2014年　河北新報社

＊本書は、岩波書店ホームページでの連載「３・11を心に刻んで」をまとめⅠとし、Ⅱには、「河北新報」連載企画「歩み」から一部収録、および同紙記者による書下ろしを加え、一冊とした。

＊Ⅰの初出である連載は二〇一一年五月一一日号を初号として、書籍などから言葉を引き、その言葉に思いを重ねて毎月三名の筆者により執筆されている(http://www.iwanami.co.jp/311/)。初号から二〇一二年二月一一日号までの全一〇回分は『３・11を心に刻んで』として、二〇一二年三月一一日号から二〇一三年二月一一日号までの全一二回分は岩波ブックレット『３・11を心に刻んで　２０１３』として刊行された。以後毎年同様に、一年間分の連載を岩波ブックレットに収録している。

＊本書には、同連載の二〇一四年三月一一日号から二〇一五年二月一一日号までの全一二回分をおさめた。各エッセイ末尾の日付は、初出時の掲載号を示している。

＊Ⅰ、Ⅱともに、文中の役職、肩書き、年齢は、執筆・取材当時のものである。

岩波書店編集部

I

3.11 を心に刻んで

井出孫六

「電力会社や政治家の人に、電力が必要、安全であれば、東京とか大阪とかに原発つくらんのですか? と質問したら、何も返事が返ってきませんでした」

（椿泊漁民の言葉、ドキュメンタリー映画『シロウオ』）

＊　＊　＊

三年前の三月一一日、東京電力福島第一原発の大事故で、首都圏市民の多くは日常生活がその原発に支えられていたと知って愕然とさせられた。武蔵小金井市の住人矢間《やざま》秀次郎さんによって長編ドキュメンタリー映画『シロウオ――原発立地を断念させた町』が制作されたのも、3・11後の福島に背を押されてのことだったに違いない。そこは彼の故郷《ふるさと》であり、シロウオは、浜の豊かさを象徴する魚だった。

この映画には、紀伊水道を挟んで徳島県阿南市椿《つばき》町と和歌山県日高《ひだか》町という二つの漁港が映し出されるのだが、そこには四十年も前に「蒲生田《がもうだ》原発」、「日高原発」という二つの原発計画が国側から提示され、住民運動によって共に断念させるという体験がドキュメンタリーとして描き出されていたのである。

紀伊水道の先に広がる豊かな漁場は先祖が残してくれたと人々は信じており、それは将来、子や孫に伝えるものと漁民たちは語る。原発から温排水が流されたら魚はどうなる？　汚れた海を子や孫に伝えることはできない。原発推進派と反対派に分かれたら、祭りひとつできなくなってしまう。子や孫がいつでも帰ってこられる故郷を原発で汚されたくない。これが彼ら彼女らの常識というものだった。

漁民と深い交わりのある京大原子炉実験所の小出裕章助教によれば、当時の住民は賛成派も反対派も、みんな原発が危険であることはわかっていた。原発がなくても生きていける自信のある人々が反対できたと小出さんは見る。

この映画の制作過程から、全国に原発をつくらせなかった三四の地点があり、逆に原発の多くが福井、福島などに集中的に偏在する結果になったことも、画面から知らされる。

『広辞苑』（第六版）に「原子力」という独立の日本語はなく、「原子」の一項目に「原子力は核エネルギーに同じ」とあり、「原子力発電所」という日本語も載ってはいない。「原発」を受けいれなかった『シロウオ』に登場する漁民たちの頭には、六〇年前のビキニの原爆マグロから核エネルギーの怖さが刻みつけられていたのではないだろうか。

（二〇一三年三月一一日）

木内 昇

オ前ノウマレタトキハ、オ前ノクニニトッテ、タダナラヌトキデアリ、オ前ガ育ッテユクウエニモ、ハナハダシイ不自由ガアルデアロウガ、人間ノタッタ一ツノツトメハ、生キルコトデアルカラ、ソノツトメヲハタセ。

（竹内浩三「筑波日記」『竹内浩三全集2』新評論）

＊　＊　＊

「被災した方にオススメの本を挙げてください」。東日本大震災が起こった直後、舞い込んだいくつもの依頼を、私はおしなべて断った。「家や大事な人を失ったとしても、好きな本は個々の胸裏にあると思いますから」と理由を添えた。現状を救うような本を知りたいと望んでいた方には、不親切な行いだったと自省している。物書きのはしくれとして、こんなときこそ本を、という気持ちも多分にあった。けれど被災された方の中には、書物に造詣が深く、自分なりに本に親しみ、本と付き合ってきた方がたくさんおられるはずで、そうした方々を十把一絡げに「被災者」として、「今のあなたにふさわしいのはこの本ですよ」と押し付けることはどうにも憚られた。純粋に良書を紹介するのと違う。旅行に最適な本、とも異なる。物資が行き渡らぬ中で、漠然と「被災者用」の本を薦める――それは、「個」という尊厳を奪う行為になりかねないと私は判じたのだった。私自身、本に親しんできたからこそ、同じ思いを抱く人々の気を挫くことをしたくなかった。

これまで幾度か、かけがえのない人を亡くしてきた。そのたび世界が一変し、自分の一部が壊《え》死《し》したように感じられた。死をテーマにしたノンフィクションを貪り読んだこともあった。不如意な現実を昇華し、喪失を埋め、以前の日々を取り戻したかったのだろう。観念では理解できたし、腑に落ちもした。が、やはり死はどこまで行っても不可解で計り知れないものだった。日々生きているのに、生の本質は捉えがたいように。

そんな折、思い浮かべてきたのが、竹内浩三の言葉だ。兵隊にとられた彼が、戦時中に生まれた姪にと書き送ったものである。こののち浩三は、フィリピンに送られ、戦地で亡くなる。二十三歳という若さであった。

「人間のたった一つの務め」という一文は深遠であると同時に、シンプルな潔さを抱いている。いつでも前向きに明るく頑張って、といった意味合いとは違う。喪失を受け止め、悲しむべきは悲しみ、転んだり、挫けたり、しゃがみ込んだりしながらも、ありのままに生きていくということである。この大震災で命を落とした方々が、亡くなる間際まで個を生きていたように、残された私たちもまた、さまざまなものを背負って個を生き続けるべきなのだ。

私は、歴史的大事が起こったとき、個というものが押し潰され、一色に塗り込められることをなにより恐いと思っている。

（二〇一四年三月一一日）

安丸良夫

君ハ臣ヲ殺シ、臣ハ君ヲ殺シ……極侈有リ、極窮有リ、軍戦シテ衆人大《おお》ニ患《うれ》ヒ苦ム。此ノ悲ノ人気、転定《てんち》ノ気行ヲ汚シ、不正ノ気ト成リ、凶年シ、或ハ疫癘《えきれい》シ、転下《てんか》皆殺《みなごろし》ノ大患有リ。

（安藤昌益「稿本・自然真営道」『日本古典文学大系97』）

＊　＊　＊

8・15以後の日本人は、意識的にも無意識的にも、アジア・太平洋戦争の経験と記憶に規定されて生きてきた。沖縄の基地問題や最近の歴史認識問題など、戦争の遺産は現代日本に引き継がれている。敗戦後の日本人は、どうしてあのように愚かで無謀な戦争をしたのだろうかと問い、米ソ対立を軸として新たな全体戦争・世界戦争が起こるのではないかと、恐れてきた。

「短い二〇世紀」は、E・ホブズボームがのべたように、経済成長と恐慌、戦争と革命、全体主義的独裁の時代であり、「極端な時代」だった。しかしそれは今日から振り返って冷静に見ると、大きな破壊によって資本主義が息継ぎをして生き延びた時代、対抗する大衆運動の側はレーニン的・ボルシェビキ的社会主義に儚《はかな》い希望を託した時代だった。朝鮮戦争とベトナム戦争は、二つの世界大戦につながるような性格をもっていたが、一九七〇年代初頭の米中接近と日中国交回復によって、全体戦争・世界戦争の時代は、ひとまず終わった。

ロシアと中国でレーニン的・ボルシェビキ的革命勢力が権力を掌握し、やがて冷戦構造を解消して平和共存と市場経済を選んだとき、また多くの民族運動がそれに追随したとき、世界史の全体構造は大きく変貌し、新自由主義的な経済競争の時代が本格的に展開することとなったのであり、それが私たちの時代なのであろう。こうして世界史は、誰にも見えやすい単純な構造につくりかえられたともいえようが、9・11と3・11には、そのようにしてつくり変えられた世界史の構造が明示されていると、私は思う。

この新しい世界史には、さまざまな困難な問題があるが、そのいずれに対しても私たちはまだ適切な解決策をもっていない。冷静に考えてみれば、それぞれの問題にどのように対処すべきかのおおよそは、見当がつきそうに思えるが、しかしその実現はとても難しそうだ。だがそれでも、私たちの人間としてのさまざまな努力は、こうした世界史の全体構造の転換に対応して再構成・再構築されるほかないのだと考える。

（二〇一四年三月一一日）

稲葉 剛

チッソとは一体何だったのかということは、現在でも私たちが考えなければならない大事なことですが、唐突ないい方のようですけれども、私は、チッソというのは、もう一人の自分ではなかったかと思っています。

（緒方正人『チッソは私であった』葦書房）

＊　＊　＊

福島第一原発の事故が発生し、大量の放射性物質が大気中にばら撒かれたことを知った時、私はその事実が意味する「取り返しのつかなさ」に言葉を失いました。

たとえ、政府が今すぐ「原発即時ゼロ」へと舵を切ったとしても、福島や各地に降り注いだ放射性物質や海に垂れ流された汚染水は、消し去ることはできません。原発事故の本質はその「取り返しのつかなさ」にあると、私は思い知らされたのでした。

しかし考えてみると、事故が起こる前から原発は個々の人間の肉体に対して取り返しのつかない被害を与えてきたと言えます。私は路上生活者の支援活動をおこなう中で、各地の原発で被ばく労働に従事してきた方に何人もお会いしたことがあります。ある方は原発の仕事だとは知らされずに東海村に送られ、三か月後に原因不明の高熱が出たために怖くなって退職した話をしてくれました。彼が辞めた後も仕事を続けた友人はその後、白血病で亡くなったと言います。

被ばく労働に従事した路上生活者や日雇労働者はほとんどの場合、放射線管理手帳を交付されてきませんでした。そのため、被ばく労働による健康被害は長年、闇に葬られてきました。

こうした原発内の労働者被ばくに加え、人口減少地域での立地や「核のゴミ」の処分場選定といった一連のプロセスを見ていくと、原発というシステムが社会に内在する貧困や差別を前提に成り立っていることがわかります。

原発事故が起こった後、水俣病問題に当事者として取り組んできた緒方正人さんの著作を再読しました。被害者でありながらも、自らも水俣病を生み出した巨大な「システム社会」の一員であるという自覚を持つに至った緒方さんは、「チッソは私であった」と言っています。

緒方さんの言葉にならうならば、私は「東京電力は私であった」と言わなければならないでしょう。東京電力や政府、原子力ムラの責任を追及しながらも、東電的な社会を作りあげ、取り返しのつかない事態を招いてしまった私たち自身の在り方をも問うていくこと。そうした問いかけを抜きに、貧困と差別を前提とする「システム社会」から離脱することはできないと、私は確信しています。

（二〇一四年四月一一日）

鎌田 遵

核開発は、我々にとって、日本を襲った津波のようなものでした。原子力は人間の力で制御できません。必ずや自然界に破壊をもたらし、人類の破滅を招きます。

（アメリカ先住民、ピクリス・プエブロ族元部族長、ジェラルド・ネイラーさん〈七二歳〉の言葉）

＊　＊　＊

東日本大震災のあと、アメリカ先住民が暮らす地域を訪れ、これまでの環境破壊の歴史や日本の災害についての想いを聞いて歩いた。コロンブスによるアメリカ大陸の「発見」以降、土地を追われた先住民が生き抜いた日々と、放射能汚染で故郷を奪われた人たちの直面する現実とがダブって見えるからだ。

先住民のあいだには、大地震と津波の大災害を乗り越えようとしている日本人の姿と、自分たちとを重ね合わせる人たちが多い。「先住民の大地」が「移民の国」に変貌を遂げた過程は、虐殺、強制移住、同化政策、差別など、まさに「大災害」の連続だったのだ。

「辺境」に追いやられてきた先住民と世界最大の核開発には、密接な関係がある。ネイラーさんの部族がもともと住んでいた生活圏は、原爆をつくった研究所の町として名高い、ロスアラモス一帯にも及んでいた。先祖から受け継いできた聖なる山は、第二次大戦中に核兵器開発の中心地になった。

神聖な土地の喪失は、文化や宗教の断絶につながる。現在もロスアラモス研究所の周辺には、いくつもの部族の居留地がひろがり、先住民たちは核施設との共生を強いられている。弱者の犠牲なしに核開発は成り立たない。それは、「自由の国」アメリカでも例外ではない。

これからの日本社会の再建について、ネイラーさんは状況をよく把握しているかのように、確信に満ちた表情でこう発した。

「リトル・ブラザーズ（ちいさな兄弟たち）が、なにを必要としているか、それに耳を傾けることです」

自然界と深い関わりを紡いできたネイラーさんが言う「ちいさな兄弟」とは、おもに昆虫や小動物のことを意味するのだが、なんども話をしているうちに、だんだん「零細な人びと」と聞こえるようになった。

いまの日本社会は、権力をもつ人間たちの身勝手とそれを許す多数派の無関心によって、抑圧の方へ暴走している。「ちいさな兄弟」、つまり弱者の体験を知ろうとしない人たちが政治を動かしてきた結果、希望の見えない社会になってしまったのは、日本もアメリカもおなじである。

ネイラーさんは「ひるまずにずっと声をあげつづけることです」と力をこめて言った。一度でも沈黙すれば、国家から完全に忘れ去られてしまう歴史をくぐり抜けてきた、先住民のリーダーが発した言葉が重く心に響いた。

（二〇一四年四月一一日）

富山妙子

翼もち酔いて
光にこがれ蝶よ
汝れは身を焼けり
「死して、生まれよ！」
そを汝が身にもたざるかぎり
汝はただ生気なき地上の旅人なり暗き地上の
蝶よ死して成れ

（ゲーテの言葉、『ロマン・ロラン全集 第五四巻 道づれたち』宮本正清訳、みすず書房）

＊　＊　＊

二〇一一年三月一一日、東日本大震災――それは関東大震災とチェルノブイリ原発事故が一挙に襲ってきたようなダブルパンチの光景だ。世界が驚き、日本を見守った。東京に住むわたしはテレビの報道に息を呑む。マグニチュード九の地震は凄まじいエネルギーだ。大地をゆさぶり、海は陸へと逆流した。大津波が太平洋岸六〇〇キロの海岸線の生活を廃墟と化す。

一九二一年生まれのわたしは、九〇歳を迎える。戦火の中を生きてきた画家人生の終わりに出会う光景だ。これは「海からの黙示」なのか、福島原発は現代の「バベルの塔」だろうか。ともかく絵を描きながら考えよう。

制作を始めた。地震や津波、原子力発電の爆発した光景は、膨大な写真と映像が捉えていた。見えるものと、見えないものとの間をさまよう。

美術とはひとつの魔術。見えるものと見えないものと、現実と非現実と、嘘か真か、見るひとびとの胸の中に。

三・一一の絵のシリーズの始まりは、大津波の海に渡来した神将がリモコンのパーツに乗って現れる。次は、見えてきた、福島原発の壊れた建屋。つづいて春、放射能が舞う空に、宗達が描いた風神が、驚いて駆けつけた。夏、無人となった福島の赤い夕映えに、怒れる雷神が現れて、四部作がほぼ完成する。

制作を始めて二年目、異形の蝶の死が発見された。セシウムが漂う風に舞う蝶の死は、空からの啓示か。三・一一シリーズのエピローグに蝶の詩を添えた。

振り返れば二〇世紀は戦乱の時代だった。日中戦争が始まった一九三〇年代、わたしは旧満州の女学校を出て、美術学校に入るため東京にきた。それからの人生は戦争のまっただ中にあり、男なら戦死者が最も多い戦中世代だ。戦争と植民地の悲しみは、わたしが一生描き続けるテーマとなった。

「フクシマ――春，セシウム 137」(2011 年，油絵 112 × 162cm）撮影・小林宏道

「クライシス――海と空への祈り」(2012 年，油絵　97 × 146cm）撮影・小林宏道

しかし、戦争の記憶を描いた作品の発表にはタブーの黒い霧がかかる。二一世紀になっても、戦争の歴史認識をしなかった日本に「靖国」の亡霊が現れる。

三・一一の作品は、音楽家の高橋悠治さん作曲によるピアノ曲がつけられて完成した。わたしたちは二〇世紀のレクイエムとして、時代の出来事を絵と音楽で映像作品にする仕事を三八年間つづけてきた。

死せる蝶に、死して成れ！　光にこがれ炎に身を焼く、死して成れよ。

私は苦境に立つと、このゲーテの詩を思い浮かべる。

（二〇一四年四月一一日）

多和田葉子

水俣病を忘れ去らねばならないとし、ついに解明されることのない過去の中にしまいこんでしまわねばならないとする風潮の、半ばは今もずるずると埋没してゆきつつあるその暗がりの中に、少年はたったひとり、とりのこされているのであった。

（石牟礼道子『苦海浄土――わが水俣病』講談社文庫）

＊　＊　＊

わたしは時々、石牟礼道子さんの『苦海浄土』をひらいてみる。そこに描かれているのは、犠牲者のいる遠景ではない。地獄絵を思わせるような苦しみを日常の一部として取り込んで生きている人たちの姿がすぐ近くまで迫ってくる。作者は、その人たちを聖人や英雄に仕立てあげることなく、かと言って犠牲者のステレオタイプに作りかえることもなく、中途半端に癒そうともせず、だからといってこの世はもう終わりだと投げてしまうのでもなく、一人一人の怒りを丁寧に汲み取って、ぴったりと身を寄せ続ける。その筆は冷えることを知らない。

世の中には、口を閉ざすことが被害者への思いやりだという妙な考え方をする人もいる。話題にすることでナマ傷にさわるのはやめて、いやなことは水に流して忘れよう、というのだ。でも、沈黙した時、忘れられてしまうのは、今苦しんでいる人たちであり、これから苦しむことになる子供たちの未来である。

去年の夏、わたしは福島県の楢葉町、浪江町などを案内していただき、いわき市にある仮設住宅や避難民の集会所でいろいろな方のお話をきく機会に恵まれたが、「気の滅入る話はもうやめて、そっとしておいてほしい」と言う人は一人もいなかった。全くその逆で、今の福島の状況をたくさんの人に伝えたいと感じている人がたくさんいた。放射能に破壊された生活はまだ続いていてもだんだん報道されなくなり、いつの間にかローカルな問題にされてしまって、全国的に忘れられていく。でも本番はこれからである。チェルノブイリでも癌患者が増えたのは事故から数年たってからだった。

大震災や津波は自然災害かもしれないが、原発を建てなければ起こらなかった原発事故はあくまで人間の責任であり、そういう意味では水俣病と共通するところがある。利益を追及するためには住民の健康くらい犠牲にしてもかまわないというバケモノをどうすればいいのか、答えが出ないまま、これからも犠牲者の痛みと苦しみは続く。怒りで身体が固まってしまいそうになると深呼吸して、『苦海浄土』をひらく。

（二〇一四年五月一一日）

この国をつくり替えよ、という彼岸からの声なき声が聞こえる。和合さん〔筆者注・亮一さん、詩人〕の言葉を借りるなら、犠牲者の「成り代わり」として、粘り強く選挙と向き合ってみる。政治に絶望するだけでは、死者の魂を鎮めることはできない。

（「河北新報」二〇一三年七月五日、朝刊）

早川由紀美

＊　＊　＊

四月の初め、東京タワーの近くをジョギングしているときに、二人の女子高生が二、三歩駆けだしては止まり、を繰り返しているのを見かけた。散り始めた桜の花びらをつかもうとしていた。その光景を見て、一九九〇年の中原俊監督の映画『櫻の園』を思い出した。毎年春の創立記念日にチェーホフの同名戯曲を演じる女子高演劇部の一日をつづった作品の中で、少女たちがつぶやく一幕があった。

桜は毎年咲くけど、その下を歩く高校生たちは毎年入れ替わるのだ、というような内容だったと記憶している。すぐに散ってしまう桜よりさらにはかない高校生の日々を示唆する台詞が切なくて、まだ体内に高校生成分がかろうじて残っていた年頃の私は、ちょっと泣いた。

毎年、桜は確かに変わらず咲くのだ。だけど、三年前の二〇一一年、桜は色あせて見えた。東日本大震災と東京電力福島第一原発事故から間もない時期。「想定外」と向き合う仕事から帰れば、ＮＨＫは夜通し、がれきの中で子どもを探す母親の姿などを流し続けていた。地下鉄の駅も、いつも行くスーパーも暗かった。

三年たって桜はやはり美しいな、と思うようになったのだけれど、今度はその下を歩く私たちは変わりすぎていないか、と気になる。

大切な家族だけでなく、海や田畑などの働く場所や、よりどころとなる家や地域をなくした人々の悲しみは癒えるはずもない。それなのに、被災地以外では、震災や原発事故の記憶は急速に薄らぎつつあると感じる。

一昨年の春には脱原発を求める人々が詰め掛けた毎週金曜日の首相官邸前も、今は一時ほどの熱気はない。選挙という民意によって選ばれた政権は原発再稼働を急ぐ。

たくさんの犠牲者や、現在進行形で続く多くの人々の苦難と一緒に生きていく私たちは何をすべきなのか。何ができるのか。風化という時の負の力の荒々しさに、気が遠くなりそうな時、私は自分の机に貼ってあるコラムを読み直す。

「諦めは犠牲を無にする」と見出しがついた冒頭の一文は、被災地に拠点を置く河北新報の鈴木素雄さんが、参院選に寄せて書いたものだ。

これを読むたび思い直す。犠牲者の「成り代わり」として、粘り強くあらねば。桜はぱっと散るから美しいんじゃない。毎年、春を告げる準備を根気よくしているからこそ、美しいのだ。

（二〇一四年五月一一日）

松林要樹

「正義の戦争より不正義の平和のほうがまだましじゃ」

（映画『黒い雨』〈監督・今村昌平、一九八九年、原作・井伏鱒二〉より）

＊　＊　＊

「汚染水は完全にコントロールされている」と昨年の暑い秋の夜に耳にした。このアベコベな発言をした男は「強い日本」を標榜し、集団的自衛権の行使容認に意欲を示している。政治屋一族のサラブレッドというだけで、自ら手を汚さず首相に押し上げられ「美しい国」と喚きながらも、一度はケツも拭かずに職を放り出した。にもかかわらず、再び「強い日本」だのと国民をアジりはじめた。

戦前、神の国日本は、戦争に絶対に負けないという神話を盲信した。国民が、負けるという想像力を持たなかった結果、ボロ負けした。

戦後、日本の原子力発電所では絶対に事故は起きないという神話を信じた。安全より何よりも利潤が最優先された結果、福島での原発事故が起きたと言っても過言ではない。

双方とも自ら神話に想像力を委ね、最悪の事態を想定せず、国民が隣と顔を見合わせ「きっと大丈夫だろう」と無責任な場の空気を作ったからだ。

「強い日本」の経済が再生すれば、高度成長期のような上り坂の景気に戻り、さらには戦争で負けて傷ついた自尊心を撫でてくれるような錯覚を持ったのだろうか、健忘症の国民の支持によって、男が首相に返り咲いたとき、私は冒頭の言葉を思い出した。

正義だの愛国心だのと勇ましい言葉を並べたて、国民に武器をとって戦わせるより、いくら挑発されようと、決して戦わない勇気を持つほうが為政者として信頼に足る。

憲法改正や自衛権の拡大解釈をやるならば、自衛隊の最高指揮官という立場を自覚し、勇ましい言葉の現実の世界を確かめるべく、進んで鉄砲の弾が飛び交う前線に立っていただきたい。

原子力発電所を再び動かしたいなら、ぜひ自ら手を汚して親戚一同で東電福島第一原発の作業員として汗水たらして働いていただきたい。

私は「便所に行ったら水で手を洗いましょう」と標語のような文を書いてしまったが、この国は「トイレのないマンション」だったことを思い出した。男は、今後起きうる二度目の辞職のときもシリも拭わずに便所から飛び出すのだろう。アイムソーリー、アベコベだが男も含め国民は自ら手を洗うこともできないのである。

（二〇一四年五月一一日）

齋藤純一

私の言う〔理性の〕私的使用とは、ある人が彼に委託されている市民的地位あるいは公職において彼の理性についてなす使用を意味している。

（I・カント「啓蒙とは何か」『カント全集　第十三巻　歴史哲学論集』小倉志祥訳、理想社）

＊　＊　＊

原発事故とその後の対応には、この社会が抱える諸問題が集約的にあらわれた。私が銘記したいと思うことの一つは、国策プロジェクトを推進する立場にある人々が形成してきた利害共同体の問題である。実際、政府機関、電力会社、専門家たちが特殊な結びつきを形成してきたことは「原子力ムラ」という言葉で表現された。そして、それが依然として健在であることは原発再稼働や原発輸出に向けての動きにもみてとれる。

一般に、「ムラ」を形成する人々の思考の特徴は、外部を顧みずに内部の最適化をはかる点にある。カントは、全公衆に向けて自分の考えを公表することを「理性の公的使用」と呼び、それと対比して、もっぱら自分の属する組織の要請に従って考えることを「理性の私的使用」と呼んだ。

「理性の私的使用」にのみ習熟すると、自分の行動が外部にいる人々の生活やその展望を損なうことがないかという視点は薄れていく。内部を優先する思考や行動は、この社会のあらゆるところに見られる。省益を追求する官僚や短期的な収益増大をはかる会社経営者はその典型であるが、私たちの多くもその例外ではない。そして、自集団の要請に応える立場にある人々がひたすら内部を優先することは職責を果たす当然の行動ともみなされる。

問題は、こうした内部(特殊な結びつき)が「道徳的な抜け穴」(トマス・ポッゲ)としても作用する点にある。内部にのみ責任を負う関係をつくり、それを維持することは、しばしば、外部に負う責任を看過・減免するようにはたらくからである(内部の優先が正当化されうるのは、外部に対して重大な危害を与えないという最低限の義務をはたす場合だけである)。

近年、アメリカ合衆国で富裕層が自らの属す地域からの分離独立をはかり、税が再分配のために使われるのを避けるために、自分たちだけの新しい市をつくる動きが相次いでいる(ジョージア州フルトン郡から独立したサンディ・スプリング市など)。新しい市の設立が「道徳的な抜け穴」として作用していることは明らかだろう。

内部をつくり、その要請に従って思考し、行動すること。カントのいう意味での「私的な」思考や行動を私たちはどのようにして制御しうるだろうか。国家や現世代も一つの「ムラ」として機能しうるだけに、この課題は軽くはない。

(二〇一四年六月一一日)

神野直彦

わたしは日が照っていないときでも
　　　太陽の存在を信じます
愛を感じることができなくても
　　　愛の存在を信じます
神が沈黙しているときでも
　　　神の存在を信じます
（第二次大戦中に爆撃されたケルンの地下室の壁にしるされていた言葉）

＊　＊　＊

寂しげな波を湛える海の上を、ゆっくりと飛び交う海鳥の鳴き声が、悲しみの旋律を奏でる。入日影に曇る釜石の小さな入り江を茫然として眺めていると、不意に声を掛けられた。思わず振り返ると、釜石で「希望学」を展開してきた東京大学の玄田有史先生の悄愴とした顔が、廃墟と化した校舎を背景にしながら近づいてくる。

思わぬ偶然の出会いに驚きながら暫し二人で、築いてきた希望の砂山が打ち寄せる荒波に崩されても崩されても、それを繰り返し創造する道を語り合う。奇しくもこの懐かしき出会いの時に、私の友人が北の海に身を投げ、自ら命を絶ったとの訃報が入り、私は暗黒の世界に引きずり込まれた。入り日は薄れ、辺りには夕闇が立ち込めてくる。

光明は希望を、暗黒は絶望をもたらす。人間は絶望の暗黒に包まれていても、希望の光明を信じる希代な存在である。それを雄弁に物語る、第二次大戦中に空爆の死の恐怖に脅えながら、地下室で暗黒の生活を送っていても、太陽の存在を、愛の存在を、神の存在を信じると書き記したケルンの地下室の言葉を想い起こす。

絶望の淵にあっても、希望の存在を信じられるのは、必ず日は昇り、春は巡り来るからでもある。しかし、同言反復にはなるけれども、人間や自然の優しさ、つまり愛や神の化身としての自然によって、「生かされている」という幸福への追憶がなせる業だという気がしてならない。

夕闇が迫る薄暗き浜辺でも、数人の女性が遺留品を求めて眼を凝らしている。愛の存在を確信したくて、愛の証しを懸命に捜し求める、その一途な姿に言い知れぬ感銘を覚える。私も消え去りし友と初めて出会った日に、美しく舞っていた桜吹雪の追憶へと浸っていく。

暗闇が深まり、夕闇が闇夜へと変わると、眼前には暗黒の世界が広がる。しかし、夜空を見上げれば、満天に星が輝き始める。暗黒の海にも、人間の営みの希望の灯火のように、漁火が一つ二つと灯されていく。

（二〇一四年六月一一日）

ユダヤ人の運命はまったく偶然でも特別でもなく、逆に社会の状態を正確に反映し、その構造のひび割れを具体的なおそろしい現実として示す正確なモデルとなっていることが、明白だったのだ。

（ハンナ・アーレント『ラーエル・ファルンハーゲン』大島かおり訳、みすず書房）

矢野久美子

＊　＊　＊

東日本大震災の年に入学式が中止となり、不規則なかたちで新生活を始めた学生たちが、卒業年度を迎えた。ゼミの集まりなどで、あの日のそれぞれの経験、感じたこと、今思うことなどを、語り合うことがある。大学は、これからの社会で生きる力を与えることができただろうか。原発をはじめとする諸問題と向き合い、批判的な意識をつちかった学生たちが、就職面接などで苦労することは少なくない。そのとき、彼女たちは感じている。「やっぱり考えてほしくないのだな」と。

日本社会のひび割れた構造は、3・11以後、ますます明らかになっている。今こそそれぞれの場で語り合い、知恵を出し合わなければならないと思う。しかし、学生たちが出てゆく社会では、考えることとさえ勇気を必要とするところにまできているのだ。

冒頭の言葉は、一八世紀のベルリンに生まれたユダヤ女性、ラーエル・ファルンハーゲンについてアーレントが書いた、ある伝記のなかの一文である。ラーエルは、ユダヤ女性として生まれたことに苦しみ、ドイツ社会への同化を望み、ドイツ人であるファルンハーゲンと結婚した。しかし、彼女は考えること、「物語る」ことを手放すことができず、「成り上がり者」になるか「賤民」として生きるかで苦悩する。その結果、近代社会に吹き上がるユダヤ人排斥の嵐のなかで「賤民であること＝社会の外の存在であること」をあらためて自分に課したのだった。

アーレントによれば、「成り上がり者」は体制内の上昇・出世を望み、現状の変革を望むことはなく、「自分自身以外のことに関心をもつ能力」を失う。「ほんのわずかの失敗にもたちまちもとの社会的虚無の奈落へと突きおとされて、みじめったらしい成功崇拝へしがみつかざるをえない」。そうした「成り上がり者」の社会に同一化するならば、考えることは放棄せざるをえなくなる。

それに対して社会から追放されている「賤民」には、厳しい生存条件の傍らで、「生を全体として眺める展望」や「人間の尊厳、人間の顔への敬意」をもつ可能性が開かれる。傷つき、感じ、考えることで、より多くの現実を手にすることができる。ラーエルは、「真のリアリティ」を生きる誇りを選んだ。

「成り上がり者」と「賤民」という二者択一は、極端に見えるかもしれない。けれど、「ひび割れ」を見るか見ないか、見ることを生きるか否か、という問いを立てるとき、やはりひとは選んでいるのだ。苦しいなかでより多く生きる勇気、その勇気を支える勇気を一つずつ増やしていくこと、そのことの価値を伝えていきたい。

（二〇一四年六月一一日）

岡田知弘

理知と学問、人間のこの至高の天分を軽蔑するならするがよい。……さすれば悪魔に身を委ねたも同じこと、亡びていくに決まっている。

（ゲーテ『ファウスト』）

＊　＊　＊

3・11から二か月経ったころ、初めて被災地を訪ねた。ある程度覚悟していたが、被災地の凄惨さには言葉を失った。そして、心底「私たちは生かされている」とも思った。

二万人にも及ぶ犠牲者の無念に応えるためにも、予想される巨大災害に備えるためにも、生き残った私たちが、今回の震災と原発事故から教訓を引き出し、人間の命と平穏な生活を保障できる日本を作らなければならないと、誰もが考えたのではないだろうか。

だが、それから三年余。津波被災地では、ようやく復興の槌音が本格化しているものの、大多数の被災者は仮設住宅での暮らしを続けている。人口流出のために、工場や商店の再建ができない経営者も多い。放射能汚染のために長期避難を余儀なくされている福島の被災者の生活は、とくに厳しい。二〇一四年三月末の震災関連死は被災地合計で三〇八九人、うち一七〇四人が福島県民であった。明らかに「政策災害」と呼ぶべき事態が続いている。

東日本大震災では、財界からの要望に応えて、「創造的復興」が理念にすえられた。被災者の生活や生業の復興よりも、サプライチェーン再建、復興特区の活用による農業や水産業への民間企業の参入、防潮堤建設等を最優先するとともに、「日本経済の再生なくして被災地域の真の復興はない」という原則の下で復興財源の流用が大々的に行われた。文字通りの惨事便乗型復興である。

理知的判断を拒絶し、「経済成長」なるものをひたすら求めて暴走する独善は、福島原発がコントロール下にあると吹聴して東京五輪を誘致した首相の発言に象徴される。いまや解釈改憲や増税、TPP、教育・大学改革、労働・農業・医療福祉改革等、あらゆる領域に、独善は拡張している。しかも「大衆は小さな嘘より、大きな嘘の犠牲になりやすい」と書き残したヒトラーのように虚言を吐きながら。

だが、私たちは愚かな大衆ではない。被災地では「人間の復興」を第一に掲げた地域再生の営みがあり、そして「憲法が定めた人格権はあらゆる価値に優先される」とした大飯《おおい》原発訴訟の珠玉の判決を手に入れたのだから。日本の未来を悪魔に委ねてはなるまい。

（二〇一四年七月一一日）

高橋久美子

（祖母からの手紙）

立春を過ぎてからの方が寒いようです。久美子、寒さに負けず身体に気をつけて、急がずあわてず頑張って下さいネ。
ばあちゃんも頑張ります。

＊　＊　＊

便箋二枚に綴られた、祖母からの手紙の最後はこのような言葉で締めくくられていた。今年、二月のある寒い日であった。真っ白い封筒の中には、厄年の私のために高野山でお祓いをしてもらった御札とコロコロコロと何粒かの節分の豆。そして花柄の便箋二枚にはバランスよく端正な文字が並んだ。

何ていうことのない手紙の締め方かもしれないが、私はどんな言葉よりも希望を感じた。二カ月後に八五歳を迎えようとする祖母の「ばあちゃんも頑張ります」は、今まで聞いたどの「頑張ります」よりもロックで、説得力があり、全身がビリリと痺れるような決意と、四国から遠く離れた孫を思う愛情に溢れていた。ああ、何度だって春は訪れるのだ。何度だって人は再生できるのだと私は感動すら覚えたのだった。

二年前に夫を亡くした祖母は、最近まで気力の全てをなくしていた。いつ遊びに行ってもぼんやりして、あんなに上手だった料理もしなくなり、目に見えて衰えていた。物忘れもひどく、隣に住む息子夫婦が「明日は病院の日だからね」と言ったことさえ翌日忘れてしまうほどだった。このままもう萎んでいくのかもしれない、それはもう誰にも止めることのできない生物の性なのかもしれないとさえ思った。六〇年以上を連れ添った人が急にいなくなるのだ。たとえ大往生だったとしても、納得のいく死などないのだと知った。自分の前からいなくなるというただその事実だけなのだ。

一年が過ぎ、二年が過ぎ、祖母の症状は少しずつ良くなった。私もなるだけ帰るようにし、親戚たちも祖母を気遣い、近所の人々との変わらぬ交流も祖母を次第に明るくさせた。人を再生させたのは人だった。私は今、祖母の言葉に活を入れられながら生活している。「ばあちゃんも頑張ります」だなんて。もう十分頑張って生きてきたんだから頑張らなくていいんだよ。だけど、誇らしい。何と格好良い生き様だろう。私も五〇年後そう言っていたいと心底思うのだ。

（二〇一四年七月一一日）

山口二郎

職務に対する矜持が、横の社会的分業意識よりも、むしろ縦の究極的価値への直属性の意識に基いているということから生ずる諸々の病理的現象は、日本の軍隊が殆んど模範的に示してくれた。

（丸山眞男「超国家主義の論理と心理」『現代政治の思想と行動』未來社）

＊　＊　＊

丸山眞男は、満州事変以後の日本が戦争の泥沼にはまっていく過程を分析し、そこに無責任の体系が存在したことを指摘した。あれだけの戦争を起こしながら、誰がいかにして国策を決定したか、審らかにできない体質が日本政府に存在した。そして、その無責任の原因として、自らの役割に対する自覚や誇りが存在せず、もっぱら上下の身分関係において自分を正当化するという発想があったと言う。

第二次世界大戦後、日本人が無責任の体系を克服できなかったことは、福島第一原発の事故が明らかにしたとおりである。軍や絶対主義的天皇制はなくなったが、小さなピラミッドが様々な分野に形成され、人間の尊厳を守ることや真理を探究することより、ピラミッドの中で割り当てられた役割を守ることに、エリートと呼ばれる人々は腐心した。そして、あれだけの原発事故が起こっても、政策を進めた専門家は想定外という言い訳をした。

敗戦から学ばなかった日本人は、震災からも学んでいない。事故から三年経ち、政府は原子力規制委員会の委員に今まで原発を推進してきた学者を据えた。なんと恥知らずな為政者だろう。記憶を消し去ることと無責任であることは、表裏一体である。為政者において、3・11はすでに遠い過去となり、あの戦争と同じく、大変な苦労だったという程度の意味付けしかされていない。

こんな不条理と戦うためには、丸山が言う横の社会的分業意識、つまり自分が何をすることで世の中の一員として役立てるかという感覚を持つことが必要だ。アルベール・カミュも、『ペスト』の中で、ペストと戦う医師に、「ペストと戦う唯一の方法は、誠実さということです。〔誠実さとは何かと問われて〕僕の場合には、つまり自分の職務を果すことだと心得ています」と語らせている。丸山と同じことをカミュも考えていたのだろう。最近、恥知らずな原発政策と戦うように、福井地裁では原子炉の運転差し止めを命じる判決が出された。裁判官が、裁判という社会的分業の中で、職業的良心を発揮した結果だと思える。

自分の行為の評価基準を、上の覚えをめでたくすることではなく、隣人、友人に対して恥じないことに据える。そのことから無責任体制を克服する努力を始めたい。

（二〇一四年七月一一日）

枝元なほみ

未来はあるかどうかはわからないけれども、希望ならばある。

（石牟礼道子の言葉、映画『花の億土へ』）

＊　＊　＊

満天の星々の宇宙のなかで、まるで点滅するスイッチのように眠っては起き眠っては起きてと繰りかえして、つかの間の人間を生きている。生きて死に生きて死ぬ、無数の瞬きの中に小さく灯るように思うのが、生きる意思のような豆粒ほどの希望だ。闇のなかで内を照らす小さく光る石のようだ。

二〇一一年三月一一日を境にして、〈生きること〉が私の中で変わったのだと思う。波にのまれたたくさんの命を繰り返し思って呆然とし、初めてのようにつかの間の生を強く意識して、のうのうと生きてきた若さを閉じたのだと思う。続く原発の事故で、今という時代の業に今更ながら気がついて愕然とし、じたばたと抗ううちに、押し寄せる不安な政治の状況に否応なく巻き込まれている事をようよう感じだした。

どうなっていくのだろう。何ができるのだろう。

すがるようにして、希望という言葉を胸に抱え込んだ。まじないのように希望という言葉を携えて居る。


今年の冬、インドの田舎でアートフェスの賄いボランティアをした。壁のない土間で、日の出前に起きだして薪に火をつけ、湯を沸かしてお茶をいれることから一日が始まる。裸足で土間を歩き回って、朝昼晩と三〇人分のご飯を作り続けて二週間を過ごした。子供たちは笑いながら走り回り、犬は行き倒れたように昼寝をしている。雌鶏の後ろをひよこが列を作って歩く。昼ご飯の片付けを終える午後には思わず、ピースフル！と叫んでしまうような気持ちのいい風が吹いた。

日本に帰る朝ほっとした私は、少し離れた一段高い場所に立って三々五々くつろぐメンバーを見ていた。自分がその中に居たときはカオスだった場所を、遥か遠く離れた所から眺めているような気になった。ふと、去年亡くなった母が今そのとき、宇宙なのか天国なのか、どこか知らない場所から私を見ている眼差しを感じた。そしてその同じ眼差しが私にうつって、その土間に居る人たちを、ただただいとおしく感じたのだ。人が、〈ただ生きている〉その事の中に灯る小さな火が希望なのだ、そんなふうに思えた。


（二〇一四年八月一一日）

白井 聡

あなたがすることのほとんどは無意味であるが、それでもしなくてはならない。そうしたことをするのは、世界を変えるためではなく、世界によって自分が変えられないようにするためである。

（マハトマ・ガンジー）

＊　＊　＊

三・一一以降、「世界を変えること」は、待ったなしの課題として私たちに突きつけられた。脱原発デモに代表されるような直接的な異議申し立ての行動が、七〇年代の「シラケ世代」以降はじめて、日本社会の多くの場所で出現した。その具体的成果は、いまのところはっきり言って乏しい。要するに、デモ程度で社会が変わるわけではない。しかしながら、それでもなお、これらの行動はなぜ必要なのか。その答えは、このガンジーの言葉にすべて書かれている。問題は、自分の行動が世界を変えられるかどうか、なのではない。行動しないことによって自らの内の大事な何かが変わってしまうのなら、人は行動しなければならない。自らを守るために。

原発事故は、深く広く進行していたこの国の社会の腐朽を明るみに出したが、他方で、倫理的英雄たちの存在を際立たせることにもなった。恥を忍んで告白すれば、私は事故以前まで高木仁三郎が何者であったのかよく知らなかった。英雄は、すでに鬼籍に入っている高木だけでない。原子力ムラの真っ只中で村八分の扱いを受けながら闘い抜いてきた熊取六人衆、苦労の末にやっと得たポストを躊躇なく捨てて放射能計測に向かった木村真三氏（現獨協医科大学准教授）といった人々の生き方を知ったとき、私は自らの襟を正さずにはいられない気持ちになった。

これらの人々は、いままで世界を変えられなかった。これらの人々は、世界を変えたのではなく、世界によって変えられることを拒んできたのだった。「世界を変える」方法については様々な試みと考えがあるべきだろう。しかし、どのような方法を優先するにせよ、そこには志操の存在が前提されなければならない。さもなくば、「世界が変わらない」とき、人々は容易に立ち去ってゆく。人々に真の連帯をもたらすのは、有望な計画ではなく、倫理的衝撃であることをあの英雄たちは教えてくれた。今度は私たち自身が、他の人々に連帯の誘いを差し出す番だ。

（二〇一四年八月一一日）

馬場あき子

大地震の間なき余震のその夜をあはれ二時間眠りたるらし

坂本捷子（仙台市）

ペットボトルの残り少なき水をもて位牌洗ひぬ瓦礫の中に

吉野紀子（いわき市）

地震の中で赤ちゃん産んだお母さん温かいシチュー届けてあげたい

松田わこ（富山市、当時一一歳）

（「朝日歌壇」より）

＊　＊　＊

崩落する書籍の散乱の中で、私はただ呆然と柱につかまり立ち尽くしていた。揺れがおさまるとテレビにかじりつき情報を得ようとしたが、それはあまりにも怖ろしい予想外のものであった。中でも最初に目にした閖上《ゆりあげ》を襲う津波の光景が苦しいまでに心に残り、そこに住む友人のことを思った。幸い友人の被災は軽かった。思い立って見舞いかたがた閖上を訪れた時は、もう半年もの時間が過ぎていた。

しかし、半年の時間はこの被災地をほとんどその日のままに保っていたかと思わせるまでに、瓦礫の砂漠であった。人っ子一人いないその瓦礫の町を歩きたいというと、友人はお清めの塩を体に振りかけ、塩の包みを二つ持たせた。これを携えないと亡くなった人の霊が憑《つ》いてくるという。霊に憑かれた人の苦しみは大変なものらしい。そうした死霊とは何だろう。たぶん、生き残った人々や、悲惨な現実に接した人は、よく死者の無念がわかるから、霊が訴えたくて憑いてくるのだろう。私はそうした霊の声を聞いてもいいような気がしたが、中には流された動物の霊もあるという。とても悲しい思いであった。

それから三年、閖上は復興しただろうか。どうやら私が目にした瓦礫の空間は今もそのままのようだ。その理由を書くゆとりはない。ただ、私の知る東松島の現状もほとんど同じで、復興にはあまりに遠い状況である。東松島で被災した友人は一度に十三人もの縁者を失った。遺体捜査に当っていた人に聞くと、人間の肉体が滅びる時、その臭いは他の獣とは紛れず、陸海のもろもろの腐臭とも紛れないという。何か怖ろしいような肉の業《ごう》である。

私は父も継母も福島の人だ。災害や不幸にあうたびに、「仕方《すがた》ねえ」といって歯をくいしばって運命を受けいれてきた。今のままでは復興は遠い。もしかしたら、できない、とさえ思われる悪い予測さえある。数年後のオリンピックに労働力を奪われ、またはその労働力として東京へ流出する人も多く、家を建てる人手はないにひとしいという。

津波によって、さらには原発の破損によって膨大な国土が失われたことを、国はどう把握しているのだろう。外国の莫大な義捐金によって三陸鉄道が全線開通したことを喜ぶ人々の顔を見ながら、すべての被災地の人々に笑顔が戻るのはいつなのかと思う。復興とは必ずしも復元ではないだろうが、すべてが全き町村づくりに迅速に、あらゆる力を投入すべき時がきている。ここを過ぎれば復興はもうむずかしくなってしまうだろう。

（二〇一四年八月一一日）

五十嵐太郎

被災した私たちにとって「ガレキ」などというものはない。それらは破壊され、奪われた大切な家であり、家財であり、何よりも大切な人生の記憶である。例えゴミのような姿になっていても、その価値が失われたわけではない。

（リアスアーク美術館の展示解説より）

＊　＊　＊

東日本大震災の後、テレビや新聞など、あらゆるメディアでガレキという言葉が連呼された。曰く、被災地はガレキの山になった。時間が経つと、被災地にはいまだに大量のガレキが残っているが政府は何をやっているのか。あるいは、どこそこの自治体は放射線にまみれたガレキを引き受けない、などである。もっとも、現在はかつて福島第一原発から二〇キロ圏内が立ち入り禁止に指定された福島を除くと、ガレキはほとんど除去され、まっさらになった場所が多い。

上記のように、ガレキは無価値のゴミどころか、邪魔者扱いされた。しかし、すべてのガレキはもともと人が必要としていたモノである。その場に破壊された断片が残る地震とは違い、水の力で場所を移動させ、ほかのモノと混ぜてしまう津波は残酷だ。家をまるごと流された人にとっては、破損していたとしても、床のタイルなど、その一部や、なかにあった所有物と再会すれば、必ずや記憶のトリガーが引かれ、震災前の生活を思いだすだろう。そうした無数の匿名の人たちの生活を彩ったモノの集積が、ガレキと呼び捨てられる。

引用文は、気仙沼のリアスアーク美術館の常設展示における震災を考えるキーワードからの抜粋であり、学芸員の山内宏泰が執筆したものだ。彼は別の項目において「ガレキという言葉を使わず、「被災物」と表現してほしい」と述べている。筆者は、彼が自宅を流され、美術館に避難していた二〇一一年三月末に出会い、それ以来、震災と記憶について多くの示唆を受けている。ガレキをどう見るかも、被災者／非被災者の違いのひとつかもしれない。この切断線は震災に限られるものではない。社会には無用になったと思われているモノがある。開発か、保存かで議論される古い建造物、その一方で、街で拾ったモノを作品に変えてしまうアーティスト。立場が違うと、その意味も変わる。われわれは三・一一で発生した膨大な被災物に対し、ガレキという記号を安易に与えてしまう。しかし、ガレキという言葉にちょっとした違和感を覚えることも、震災を考える契機になるはずだ。

（二〇一四年九月一一日）

行為の価値は「よい成果」が出るかどうかによって決まる。でもそれだけではない。〔その「よい成果」からは非合理にみえる〕「信条／心情」もある。科学の名のもとに、国民からこれを取り去っていいとは、少なくとも私は思わない。

（マックス・ウェーバー『社会学と経済学における「価値自由」の意味』。訳文は筆者による）

野口雅弘

＊　＊　＊

原発事故で生じた汚染土の中間貯蔵施設の建設をめぐって、ある政治家が「最後は金目でしょ」と発言して非難を浴びた。彼は福島に足を運んで神妙な顔で謝罪した。くり返される政治家の「失言」といえばそれまでだが、その根は浅くはないと思う。

政治には意見や利害の対立がついてまわる。自民党政権はこれを「金目」によって調整してきた。利益誘導ともいえるが、気配りとバランスともいえる。ある人はぼくに、それが責任倫理だと教えてくれた。「政治家は結果に責任をもたなければならない。電力を確保し、人びとの暮らしを守り、そして施設を引き受けてくれた地域の住民にも十分なお礼をする。反対ばかりの心情倫理ではいけない」と。

周知のように、これはマックス・ウェーバーの議論だ。彼は信念を純粋に保とうとする信条／心情倫理と、結果に対して責任を負うことを要請する責任倫理を対置し、しばしば後者の立場から前者を批判した。二つの倫理のこの定義からすると、うえの理解もあながち誤りというわけではない。

ただ、自民党の「責任倫理」家が見逃していることが一つある。価値をめぐっては切実な対立があり、だからほんとうは「金目」で解決できないものがあるということだ。ウェーバーはこのことをとても強く感じながら責任倫理を論じている。暴力の問題も含めて、政治は「悪魔と手を結ぶ」ことだってあると彼はいう。もちろん「金目」で解決されてはならないものへの畏敬の念が、原発建設の当初には自民党の「責任倫理」家にもあったのかもしれない。しかし「失言」をしたその政治家にそれは感じられなかった。

かつて法学者の川島武宜は、「権利」意識が弱く、「正しさ」をめぐる論争を避け、「調停」を好む傾向がこの国にはあると指摘した。こうしたところでは当然「最後は金目」になりがちだ。原子力エネルギーが「低コスト」といわれてきたのは、別のあり方を求める信条／心情がこうした背景のもとで安く「金目」で買われ、またそれを皆が認めてきたからではなかったか。二つの倫理は単純に対立しているわけではない。「金目」で話が進まなくなればそれだけ、「よい成果」は出なくなる。そのとき責任倫理はおのずと、別の方向を指し示す。

（二〇一四年九月一一日）

平川秀幸

「人間による宇宙空間の征服は、人間の身の丈を伸ばしたのかそれとも縮めたのか。」この問いは、科学者ではなく一般の人びとに向けて提起されたものであり、しかも物理学者が物理的世界のリアリティに抱く関心からではなく、人文主義者《ヒューマニスト》が人間に抱く関心から生まれたものである。

（ハンナ・アーレント「宇宙空間の征服と人間の身の丈」『過去と未来の間』引田隆也・齋藤純一訳、みすず書房）

＊　＊　＊

約半世紀前、人類初の人工衛星スプートニクの成功から六年後、アーレントはこのような問いから始まるエッセイを著し、さらにこう問いかけた。「共通感覚や日常語のコミュニケーションにいまなお頼っている一般の人びとや人文主義者《ヒューマニスト》は、もはやリアリティとの接触を失ってしまった〔かどうか〕、……かれらの問いや懸念は無知によって惹き起こされ……取るに足らないといえるかどうか」。対比されているのは、スプートニクの成功を可能にした科学のリアリティの解明能力であった。

このアーレントの問いかけは、科学と技術がさらに発展した今日、とりわけ3・11以降の日本社会にとっては、放射能や原発、さらには科学技術一般と人間の関わり方をめぐって一層現実的であるように思う。

実際、放射線は人の五感では知覚できない。その存在を知るには線量計が、性質を理解するには科学の知識が必要となる。事故直後から、科学的な知識を身につけて「正しく恐れよ」と再三唱えられてきた。他の科学技術のリスクも同様で、不安は無知によるものであり、科学的な見方を学べば安心できると言われてきた。科学こそが最善の判断へと導く方法であるかのように。

しかし、実際には科学は人が物事を判断するときの一助でしかない。人は科学的な語りを超えて苦悩し、また得心する。科学的にはガンなど有害事象の発生確率にすぎない「リスク」も、人間的観点では、メリットがあるかどうか、引き受けるか否かを自ら選べるか、特定の人々に負担を強いていないか、責任主体が明確で信頼できるか、万が一の時は因果関係を特定し救済可能かなど、様々なことが問われる。大飯原発差止訴訟の地裁判決で「人格権」の優越性が提起されたように、原発問題が根本で投げかけているのは、何を守り、何を捨てるのか、すなわちどのような世界で生きたいのかだろう。

アーレントが見ていたのは、このような科学とは位相を異にする日常知・人文知の意味の営みだった。宇宙に進出する人間の「身の丈」について議論することは科学的には何の意味もないが、人間にとっては大いに意味がある。科学技術で何が知られ何ができるかではなく、知られたこと、できるようになったことに何の意味があるかを問う。そのようにして科学技術を日常知・人文知による思考と言論の中に導き入れること。リアリティとの接触を回復すること。それは、３・11以前から求められていたが、いま一層、重要になっている。

（二〇一四年九月一一日）

加藤陽子

どうせ殺される命なら、どうして戦争をやめさせることにそれをかけられなかったかという反省が頭をかすめた〔中略〕、この軍隊を自分が許容しているんだから、その前提に立っていうのでなければならない。

（大岡昇平『戦争』岩波現代文庫）

＊　＊　＊

二〇一一年三月一一日のその時、私は自宅マンションで花の手入れをしていた。大地震だと気づいて転がるように部屋へ戻り、原発の只ならぬ様子を知った時に頭に浮かんだ言葉がこれだ。大岡昇平は常に私の心の近くにある存在だった。歴史を生業としている身であれば、『レイテ戦記』の冒頭「比島派遣第十四軍隷下の第十六師団が、レイテ島進出の命令に接したのは、昭和十九年四月五日であった」が、スタンダールの『パルムの僧院』の冒頭「一七九六年五月十五日ボナパルト将軍は、ロジ橋を突破した若い軍隊を率いてミラノにはいった」と響き合うことは知っていた。また、『花影』の最後で主人公・葉子が死ぬ場面は、読み返す度に胸苦しくなる。「それから闇が来た」で締めくくられるこの小説を私は愛していた。

だが、動転した頭にやってきた大岡の言葉は、『レイテ戦記』でも『花影』でもなく、「『俘虜記』の方法」の中のこの言葉だった。一九四四年七月、大岡は第十四軍の補充要員（暗号手）として門司港からフィリピンへ向け積み出されるが、小さな輸送船を見た時、自分が死ぬという直感が大岡を貫いた。大岡はこう考える。これまで自分は、軍部を冷眼視しつつ、戦争に関する知識を蓄積することで自らを慰めてきたが、死を前にしたとき、それらは何の役にもたたぬ。同じ死ぬのであれば戦争を防ぐために命を賭けてもよかったはずだが自分はそれをしなかった。ならば、戦争や軍隊について自分が書く時、自分はそれを「許容していた」という、その前提で書かねばならないと大岡は悟る。

時代に対し、自らが日々いかなる態度をとってきたのか。それを不断に問わなければならぬ日が来るとは、私は不覚にも全く予想していなかった。日本近辺の地震活動は依然として活発であり、日本を震源地とする安全保障環境の悪化は深刻なものとなった。一九六〇年生まれの私にとって、天命を知るべき頃を過ぎても、思い惑う日々は終わらない。

（二〇一四年一〇月一一日）

坂元ひろ子

子游曰わく、「地籟は則ち〔大地の風が〕衆竅〔に吹き付ける響音〕是《これ》のみ。人籟は比竹《ひちく》〔人の奏でる簫の音〕是のみ。敢えて天籟を問う。」

子綦《しき》曰わく、「夫《そ》れ吹くこと万《よろず》に同じからざるに、其《それ》をして己《おのれ》自《よ》りせしむるや、咸《ことごと》く其れ自《みずか》ら取る。怒《ど》する者は其れ誰《たれ》ぞや。」

〔大地の噫気《ゲップ》、風が吹き起こると無数の穴が一斉に鳴り響く音も、人の奏でる音も万別ながら、各自が響きを選び取るようさせられている。そう仕向けるのは誰か。自然、天であろう。〕

（『荘子』斉物論。読み下しは池田知久全訳注『荘子（上）』〈講談社学術文庫〉参照。〔 〕内は筆者記）

＊＊＊

関東大震災で被災して帝都から郊外への移転時に作られた大学研究室で三・一一を迎えようとは！ だがシュールな、あまりにもシュールな被災の光景の映像を目にしたのは、翌日、予定通り、上海到着後のこと。そんな時に思い浮かんだのは、専門的な解釈を離れてのことだが、ことさら難解とされる古典、『荘子』「斉物論」の一節。

僅差の条件や機転でも被災者の命運を分けたといい、不条理でも天籟《てんらい》と諦観せよというのはあまりにも酷い。だが、それも含めて「想定外」などというのもさかしらでおこがましいと思わせるものがあった。まして羽田離陸時にはまだ予感でしかなかった、原発破壊による大地大海にと、グローバルにあるいはそれ以上に及びうる放射能汚染に直面、恐怖する上海市民をも目の当たりにした。その禍は如何、当面の収束法すら今なお分からないでいるのだ。

自然の力を借り、やがて壊してまで人は近代の快楽、欲望を資本と手を携えて追求してきた。確かに恩恵も受け、前近代に戻れないとはいえ、せいぜい、清末の章炳麟も説いたように、善悪と苦楽双方の「倶分《くぶん》進化」をしてきただけで、悪苦も募る。環境破壊が必至の経済・軍事的営為はもちろんのこと、優生学的な生殖医療技術、生物の遺伝子操作などを含め、欲望達成技術の歯止めなき追求の危うさに、想像力と倫理を働かせよう。満たされぬ欲を天籟と受けとめる境地の余地さえ奪うべきではない。せめてそのことを、今回の大惨事から学びとれないものか。

震災後、東北の大学に赴いた際、まだ親族の不幸を口にできない学生を前にして、神経をつかう日々だと教員から聞かされた。そこに「ポジティブ、パワフル!」と勉励の声がかかる。鎮魂の間も与えない政府主導の「復興」からして、怒れる海は隠そうとばかり、どこかの「分離壁」や今の辺野古のブイよろしく、それも大手ゼネコンへの丸投げで作る、高い防潮堤等々。「仕向けたのは誰か」と、今の私たちは自問すべきだろう。

(二〇一四年一〇月一一日)

外岡秀俊

昨日、私たちはこの偉大な町から逃げ出した。今日はもっと強く、偉大にさえなった町に戻った。犯人は失敗したと知るべきだ。彼らは、間違った都市を標的に選んだ。これからも、ロンドンは続く。

（テロ現場の花束に添えた一市民の言葉）

＊　＊　＊

東日本大震災から三年半になる二〇一四年九月一一日、私は北海道の帯広から、実家のある札幌に向かうバスの中にいた。その日未明、札幌に大雨特別警報が出され、八〇万人近くに避難勧告が出た。札幌を出た前日には何の兆候もなかったので、「まさか」と思った。ＪＲはすべて運休になり、頼みの綱のバスに客が殺到していた。実家にいる母のことが気がかりで、いてもたってもいられない。

バスの車中で朝刊を開くと、東日本大震災の特集が載っていた。被災三県に四万一〇〇〇戸の仮設住宅があり、九万人近くが暮らしている。「みなし仮設」の九万人と合わせ、一八万人が、まだ「仮住まい」の日々を送っている。震災後の取材で訪ねた仮設住宅で、お目にかかった一人ひとりの顔が、浮かんできた。

被災地の誰もがあの日、「まさか」の大鉈《おおなた》で暮らしを断ち切られ、家族や友人たちと引き離された。自分がその日、郷里で起きた小さな「まさか」に遭遇したことで、震災後の三年半の重みと、それに耐えてきた被災地の思いが、惻々と迫ってきた。

その朝は、札幌だけでなく、全国で「数十年に一度」の豪雨が多発していた。列島の各地に、自然の脅威に身を竦ませ、東日本大震災に思いを馳せた人が多かったことだろう。

その日、バスの車窓に広がる暗雲を眺めながら、蘇る言葉があった。二〇〇五年七月、私が勤務するロンドンで、地下鉄とバス四か所が同時爆破された。翌朝、現場に捧げられた花束に、冒頭の言葉が添えられていた。

ふだん使う地下鉄やバスが爆破され、多くの市民と同じく、私もまだ、恐れや不安を感じていた。その時目に飛び込んできたこの一市民の言葉に励まされ、心が奮い立った。

テロと自然災害は違う。でも、その唐突さと、無慈悲さには似たところがある。「それでも、ふるさとは続く」。東北のその思いに励まされ、いつか来る次の災害に備え、私も被災地の人々の後をついていこうと思う。

（二〇一四年一〇月一一日）

赤川次郎

「今は震災後ではありません。次の震災の前です。」

（女川中学校の生徒の言葉、ＮＨＫ「クローズアップ現代」）

＊　＊　＊

「千年後の人々のために」東日本大震災の津波で大きな被害を受けた宮城県の女川中学校の生徒たちが、「津波の爪痕を残そう」と活動を始めた。そのドキュメントで、生徒の一人が語ったのが、冒頭の言葉である。

自民党政権や経団連を筆頭に、「大地震も津波も原発事故も忘れよう。オリンピックとリニア新幹線で景気を良くしよう」と言い続ける大人たち。その姿は、あの中学生たちの目にどう映っているだろう？

自然はくり返し警告を送り続けている。御嶽山の突然の噴火は「自然災害の予測など不可能である」ことを、改めて痛感させた。

３・11のあの大津波のすさまじい破壊力を、一体誰が予測したか。原発建屋の屋根がふき飛んで白煙が上ったとき、「これで日本は終りだ」と背筋の凍る思いがしたのではなかったか。

これほどの大惨事を目の前にしながら、なお自然の前に謙虚でいられない大人たちには、もはや全く期待できない。

あの中学生たちを絶望させないためには、

「そうでない大人もいる！」

と、声を上げなければならない。

たとえ大津波は千年後だとしても、巨大地震は必ず今後何十年かの間に起る。そのとき、全国の五十基以上もある原発が無傷でいられるはずがない。

原発推進派だからといって、放射能はよけて通ってはくれないのだ。この狭い国土が汚染されたら、避難する場所さえない。

このあまりに明白な破滅のシナリオに目をつぶっていられる人間にだけはなりたくない。

すでに高齢者の仲間入りをした私は、せめてあの中学生たちに「安心して生きていられる」世界を遺したいと思う。

「次の震災」は避けられないが、「絶望すること」は避けられる。あの中学生たちに、そう伝えたい。

（二〇一四年一一月一一日）

辛 淑玉

〝ふるさと〟をかくすことを父はけもののような鋭さで覚えた（略）吾子よお前には胸張って
ふるさとを名のらせたい瞳をあげ何のためらいもなく〝これが私のふるさとです〟と名のら
せたい

（被差別部落の詩人である丸岡忠雄の作品「ふるさと」）

＊　＊　＊

なぜ自分は被災地に通い続けるのだろうと自問したことがある。

震災直後に被災地で浴びせられたのは、「韓国人が自衛隊員を殺している」「中国人が警察官を殺している」といったデマだった。

次は、倒壊した家屋に韓国人が盗みに入っているという噂、そして、発見されたご遺体の薬指が切られている、韓国人が指を切って指輪を持ち去っているのだ、という、発信源をまったく特定できない「被災地伝説」だった。

確かに、現実の被災地ではさまざまなことが起きていた。みんなが望む「美しい被害者」ばかりではない。避難所の中での性被害や、仮設住宅でのＤＶ殺人もあった。今でもＤＶや自殺者は増えるばかりだ。特に福島は、研修に行くたびに、自殺の危険があると診断される自治体職員が増えている。三年半経っても、解決の糸口すら見えない。

デマは語っても、原発や放射能について語る人はまったくいない。現地では、もう、どの道がどれくらいの線量なのか、びっしり頭の中に入っている。放射線の健康への影響をめぐって、地域も家族も分断された。被曝は、触れてはいけないタブーとなったのだ。

原発事故直後から線量の高い地域で働き続けた友人は、絶対にホールボディカウンターで自分の被曝量を測ろうとしない。友人は、「考えてみてください。もし親が被曝者と分かったら、子どもの人生はどうなると思いますか？　私は（自分の被曝線量を）墓場まで持っていきます」と言う。

仮設住宅には「被災者は帰れ！」と落書きされ、被災地で「被災者特権」を叫ぶヘイトデモもある。

かつて、水俣の人たちは自らの体の不調を隠した。米国の水爆実験で被爆した船員たちも、広島・長崎の被爆者たちも。

そこに差別の酷さがある。被差別部落の友人は、「辛さんは子どもがいないから（わからないのだ）」と言った。だから私は被災地に通う。

（二〇一四年一一月一一日）

松江哲明

「あなたよりずっとこの街が好き」

（映画『トーキョードリフター』のキャッチコピー）

＊＊＊

二〇一一年三月一一日は韓国の映画祭に参加していたのだが、ドイツ人の彼女も一緒だった。あの日はソウルを観光し、夜にホテルへ戻った時に震災のことを知った。テレビをつけると津波の映像や人で溢れる東京の様子が映し出されていた。すぐ実家に連絡をしたが母親は「心配する必要はない」と言っていた。

だが彼女の両親は違っていた。福島原発の状況が明らかになるにつれ、チェルノブイリを経験している彼らは「絶対に娘を東京に戻さないでくれ」と言う。その通りだと思った。僕らは映画祭スタッフの助けもあって帰国を延期することができた。その間、僕はskypeを使って友人と電話をしていた。ネットに書かれる言葉はまるで〇か一〇〇だった。もっと「ふつう」の声が聞きたかったのだ。最も声を聞いたのはモノ作りの仲間でもあるミュージシャン、前野健太さんだった。彼と僕は互いの考えを確認し合い、いざとなったら「東京を離れることも考えなければ」と話していた。しかし、横で聞いていた彼女は「私はあなたたちより東京が好きだよ」と言った。僕らはＰＣ越しで「さすがだね」と笑った。ソウルで僕らは結婚を決めた。帰国後はこれまでと違う生き方をしなければいけないと感じたからだ。共に広い視野を持ち、世界を広げたいと思った。

彼女は東京に数日だけ戻り、荷物をまとめてドイツに帰国することになった。その頃は多くの外国人が避難し、街は真っ暗だった。僕はその光景を綺麗だな、と思った。だが、その期間も長くは続かなかった。この考えは少数派なんだろう。僕が『トーキョードリフター』を撮影したのは「明るくなる前にこの東京を映像に残したい」と思ったからだ。

ロケハンをしている最中、主演の前野さんから作詞を依頼され、彼女の言葉を歌詞に入れた。人によっては「あなたのことよりも街が好き」と解釈されたりもしたが、それでも構わない。歌も映画も見る人によって受け取り方が変わるのが魅力だからだ。

（二〇一四年一一月一一日）

金子　勝

真の文明は　山を荒らさず　川を荒らさず　村を破らず　人を殺さざるべし

（田中正造）

＊　＊　＊

いま福島は史上最悪の環境汚染に直面しています。3・11は今も続いています。

原発事故から三年一〇カ月たった今も約一二万人以上が避難したままです。原発関連死は一一二〇人近くになります。上から目線で他人事のようにただ「避難しろ」とだけ言っている人の意見に、私は抵抗感を覚えます。家族、生業、故郷を失っては生きていけない人間もいるのです。

低線量被曝の評価についていろいろと言う人がいますが、なぜ福島だけが全国基準と異なる状態に置かれているのか、それだけで十分に人権を侵されています。そのうえ避難区域解除とともに、住民が一人でも帰れば、一時金は支払い一年で賠償打ち切りです。そのうえ、文科省が損害賠償紛争審査会を開かせません。そして年間二〇ミリシーベルト以下は追加除染をせず、個人線量計で自己管理させられます。住民は、被ばく管理手帳を持つ放射線管理区域の作業員とは違うのです。小児甲状腺癌およびその疑いがある子どもの数はついに一〇三人になりました（二〇一四年八月二四日発表）。データそのものをとらなかったうえに、環境省も福島県も「放射線の影響ではない」と言います。しかし、「データがない」と「影響がない」は全く違います。何より問題なのは、子どもたちにゲノム解析など精密検査に基づく治療を行っていないことです。

福島県大熊町・双葉町に建設予定の「中間貯蔵施設」（汚染土の保管施設）も安上がりでひどいものです。福島県内にある汚染土を三〇〇〇万トン（土の比重で推計が違う）だとすると、一〇トントラックで運んだら、三年間かかったとしても、一日にのべ三〇〇〇台以上はかかります。あまりにも非現実的です。五年の寿命とされているフレコンパックは、あちこちで破けていくでしょう。中間貯蔵施設に運び込まれる汚染土も野積みにされるだけなので、ゲリラ豪雨に襲われれば、二次汚染を生じさせます。

そして中間貯蔵施設を建設すれば、結局、そこが「最終処分場」となり、住民は永遠に帰還できなくなるでしょう。これは足尾鉱毒事件の時、反対が根強かった谷中村を渡良瀬遊水池にして水没させた国家犯罪と同じです。

では解決策はないのでしょうか。環境汚染問題の基本は、汚染物質の濃縮・隔離、減容と土のリサイクルです。そして、その技術は立派に存在しています。一五〇〇度で加熱してセシウムを気化させ、バグフィルターで回収するセシウム回収型焼却炉がそうです。郡山の実証実験では、五万七〇〇〇～六万七〇〇〇ベクレル／キログラムから四五ベクレル／キログラムまで下がります。これは旧基準一〇〇ベクレル／キログラム以下で、土もリサイクル可能になります。

濃縮・減容したセシウムをコンテナに詰めて三層のコンクリで防護して、しっかり閉じ込めることが必要です。地域住民が計画段階から参加し、地域ごとに分散して小規模な隔離施設を作り、減衰を待つのです。

森林除染も無人ロボットによる伐採や腐葉土の除去が可能です。すでに南相馬で実証実験済みです。これを使って森林バイオマス発電を行い、セシウム回収型焼却炉を組み合わせる方式をとればいいのです。

では、これらの先端環境技術の使用を妨げている背景は何でしょうか。

問題解決の手順が逆になっていることです。何よりも福島の環境回復に取り組むことが最優先です。ところが、いまや一兆円の公的資金に、原子力損害賠償支援機構からの九兆円の交付金枠を抱えて、事実上「国有化」状態にある東京電力の救済を優先して、福島を犠牲にしています。

事故収拾と賠償・除染のために、最低限一〇兆円の資金を確保するために、最も国民負担が軽くなる方法を選ぶというのが正しい手順です。それは、東電のあり方や核燃料サイクル政策の抜本的見直しを必要とします。

ゾンビ東電と各電力会社の無責任体制の壁を越えて行かないかぎり、原発再稼働を止めることはできないでしょう。そしてエネルギー転換と新しい産業構造への転換もできず、日本の未来が失われていきます。今の日本は、田中正造のいう「真の文明」を失いつつあります。福島は決して他人事ではすまされないのです。

（二〇一四年一二月一一日）

鎌仲ひとみ

「溺れるものは自らを救うべし」ということが、彼女たちにはできているのです。
（ベラルーシの医師スモルニコワさんの言葉。映画『小さき声のカノン』）

＊　＊　＊

あの日起きたのは「原発震災」という名の災厄。そして吹き出してきたのは放射能とともにこの国の矛盾。あの日からずっと、チェルノブイリの基準に従えば避難しなければならないような放射線量の地域に、およそ一五〇万人もの子どもも含めた人々が普通に暮らしている。国際基準に従えば、しないほうがいい被ばくだ。しかし、当事者たちの声は聞こえてこない。「黙っていればやがて嵐は過ぎ去るだろう」「口は災いの元」という身体に沁みついた生きる知恵のようなものがこの国の人々にはあるのだろうか?

いや、それよりももっと強い、言葉を発する意思を奪う装置のようなものが仕組まれているのだろうか。

「福島が汚染されたと言われたくない」「放射能は出たけれど人体に影響のない程度だ」「誰も

放射能で病気になっていないし、死んでもいない」「福島はこんなに復興している」などという声は大きく鳴り響いている。

そんな空気の中に「子どもの被ばくが心配」「食品が汚染されているのではないか」と少しでも不安を口にしようものなら、「神経質すぎる」「科学的根拠を出せ」とピシャリ。政府も自治体もマスコミも一体となって、「大丈夫!!」と言う。そして、これまでの被ばくの安全ルールを変え、二〇倍も高くしてしまった。もちろんその陰で原発再稼働は進められている。

一方で、「福島は住めない」「子どもが大事じゃないのか」「避難しろ」という言葉もまた外から投げつけられる。当事者は両方の言葉の間で、なんと傷ついていることか。だからこそ、ふるさとと自らの誇りを守るためには被ばくを受け入れざるを得ないという隘路に追い込まれている。そんな中で実際、子どもたちを被ばくから守りたい、という思いは全ての母親の胸にある。しかし、どうやって守ればいいのか。

完成したばかりの映画『小さき声のカノン』ではチェルノブイリの母たちがこの二七年、子どもたちを守ろうとしてきた取り組みを具体的に伝えている。そしてその先輩母たちに、日本の駆け出しの母たちも続こうとしている。起きた事をただ嘆く時期は終わった。母たちは具体的に行動し、新しいステージに自らの力で進もうとしている。子どもたちを被ばくから守る方法はある。これまでにない、母たちの取り組み、そこにこそ希望がある。

（二〇一四年一二月一一日）

姜尚中

悲劇は喜劇より偉大である。これを説明して、死は万障を封ずるが故に偉大だというものがある。取り返しが付かぬ運命の底に陥て、出て来ぬから偉大だというのは、流るる水が逝いて帰らぬ故に偉大だというと一般である。

（夏目漱石『虞美人草』岩波文庫）

＊　＊　＊

東日本大震災とそれに続く福島第一原発事故からほぼ二週間後、わたしは相馬市の海辺の近くに佇んでいた。「人間の悲惨は外にあるのではなく、内にある」。息子が遺した言葉を確かめたいと思う気持ちに急かされて、わたしは天災と人災の折り重なった場所に身を置きたかったのだ。空は天涯が尽きるまで晴れ渡り、初春の柔らかな日射しが心地よかった。しかし、大地は見渡す限り、荒涼とし、生きとし生けるものがすべて死に絶えているようだった。動くものと言えば、頬を柔らかく撫でていくそよ風だけだった。自然の恵みと残酷さを目の当たりにして、わたしはただじっと物憂いほどに静まり返った海を眺めていた。その時にわたしの脳裏に浮かんだのが、漱石の先の言葉だった。

取り返しの付かない運命の底に陥った時、人は悲劇と向き合い、そして日々の喜劇的な巫山戯《ふざけ》た気持ちを一掃し、粛然として人間の生の深淵をじっと見つめざるをえない。わたしを襲った悲劇と、天災と人災がもたらした悲劇とは、何の関係もない出来事かもしれない。それでも、わたしには、何か目に見えない因果の糸があるように思えてならなかった。息子の言葉は、どこかで喜劇的な世界にどっぷりと浸かりきり、あくせくと日々の、年々の世事に埋没していたわたしを丸ごと打ちのめした。そして天災と人災によってもたらされた悲劇は、どこかでテクノロジーに過剰なほどの信頼を寄せて来た戦後日本の喜劇的な傲岸を打ち砕いたのである。要するに懲りていなかったのだ、わたしも、そしてこの社会も。戦後の申し子のような世代に属するわたしと、戦後という時代が、ともに還暦を過ぎた頃に、悲劇的な陥穽に突き落とされたことが、わたしにはどうしても偶然には思えない。とすれば、わたしは、そしてわたしたちは、悲劇の前で粛然として襟を正し、真面目に、真剣勝負で、生まれ変わるよう決心すべきではないか。それは、ある意味で痛切な自己否定と再生による「二度生まれ」を意味している。

(二〇一四年一二月一一日)

遠藤比呂通

人類の逃れられない責任に対して心底不安を抱いている人たち、そのような人たちだけが、人間が惹き起こすかもしれない恐るべき悪に対して勇敢に、妥協せず、全面的に闘いを挑まねばならぬとき、頼りになるのである。

（ハンナ・アーレント『パーリアとしてのユダヤ人』寺島俊穂・藤原隆裕宜訳、未來社）

＊　＊　＊

映画『フタバから遠く離れて』の作家舩橋淳氏は、「3・11を心に刻んで」（二〇一三年四月一一日）において、福島の人々が被曝させられつつ生活している状況自体が憲法違反だと主張しています。氏は、日本国憲法二五条の生存権は、人間が人間らしく生きる権利をさだめたものであり、その実現のために、国際基準1mSv／年を超えない地域への移住の権利を認めた「チェルノブイリ法」が制定されるべきだと訴えかけています。

一方、東日本大震災以前から福島大学で憲法を講義し続けている金井光生氏は、日本国憲法前文の平和的生存権の見地から、ヒロシマ、ナガサキに続けて、フクシマを経験した今日、原爆にせよ原発にせよ、nuclear という潜在的威力を人権の観点から禁止するべきだと提案しています。

　このような訴えや提案を実現するために闘う人びとの条件を、冒頭に引用したアーレントの言葉は示しています。「人間はどのような〔邪悪な〕ことでもできるのだ」「人間であることは恥ずかしい」という感受性を有することが、アウシュヴィッツ絶滅収容所と原子力爆弾による文明破壊を経験した現代政治の条件なのだとアーレントはいうのです。

　二〇一四年一二月一四日、原発再稼働によって惹き起こされる生存権の侵害を一顧だにしない安倍晋三首相率いる自民党・公明党連立与党が、衆議院議員選挙の結果、憲法改正の発議を可能とする三分の二の議席を占めました。日本の現代政治は、アーレントのいう「人間の条件」を充たすことはないのでしょうか。

　私は、一九九九年から大阪市西成区の釜ヶ崎で法律相談を行ってきました。一二月一八日の法律相談には、西成区によって一方的に住民票が消されたために、投票所に行ったにもかかわらず投票できなかった人が、仕事の合間を縫って相談にこられました。無念で諦め切れなかったといいます。主権者としての責任を果たそうとするこのような人がいる限り、「人類の逃れられない責任に対して心底不安を抱いている人たち」の闘いは失われることはないのではないか、という希望を持ちました。

（二〇一五年一月一一日）

濱田武士

人間といえば上は神、下は獣類のあいだに介在するものであるから、両者の性質を兼備し、自分の勝手で都合よきほうに較べ、ある時はみずから尊者の敬称を甘んじて受け、またある時は自ら野卑と称するほど謙遜《へりくだ》る。

（新渡戸稲造『自警録　心のもちかた』講談社学術文庫）

＊　＊　＊

被災地に行けば、手を取り合って厳しい状況を乗り越えようとする取り組みの話、震災前からあった〝結い〟の力によって発揮した相互扶助の話、復興を下支えするボランティアの献身的な活動の話などを聞くことができます。どちらかといえば復興に向けての明るい話題です。できれば、復興に関する話題はこうした明るい話だけで終わって欲しかったのですが、そうはいきませんでした。「奥」に入れば入るほど、不協和音が鳴り響いていました。

事業再開・生活再開に向けて利害がぶつかり合う。なかには他を差し置いて震災前より飛躍しようとする人だっている。「諍い」の火種がたくさんあるのです。私が専門としている漁業の分野では、漁業者らの利害が対立しているのでもともと険悪な関係があるところもなかにはありましたが、より険悪になったという話がありました。

さらに、被災地住民内の軋轢に加えて、被災地にとっては切り捨てられているのかと思う「風評」の話、合意形成を経ない「創造的復興」に憤慨する市民の話、マスコミ・研究者による調査公害で迷惑する被災者の話、集落移転地で発生している土地転がしをする業者の話など、明るくない話題も山ほどありました。

被災地に通うと、「みんなのためにと思う人がいる一方で、自分だけは」、「これからのためにと思う人がいる一方で、目先のことだけ」、「全体のためにと思う人がいる一方で、ここだけは」という利害意識の対立があることに気づかされます。被災地の暮らしや仕事の復興はそのようなかにあり、そうした利害意識の対立がいろいろな問題として時折表出しているのでは、と思うのです。しかし、問題を分析するにしても、その問題をもって被災地で起こっている現象を蔑んではならないのです。利害の対立や、一稼ぎしたいと思う人たちの行動は震災復興という局面だけに存在するものではないからです。利害意識の対立はどこにでもあり、それが大惨事に見舞われた被災地では、凝縮して映し出されているだけに過ぎないと思うのです。

だから私は、漁業という特定の分野ではありますが、被災地の出来事を人間・社会全体に起こりうる現象としてウォッチし、分析しています。そこから得られる教訓を共有化することで、我々自身が成長せねばならないと考えての行動です。まちがった行動でしょうか。

（二〇一五年一月一一日）

山中茂樹

人間の復興とは、大災によつて破壊せられた生存の機会の復興を意味する。〔中略〕生存機会の復興は、生活、営業及労働機会（これを総称して営生といふ）の復興を意味する。道路や建物は、この営生の機会を維持し擁護する道具立てに過ぎない。それらを復興しても、本体たり実質たる営生の機会が復興せられなければ何にもならないのである。

（福田徳三『復刻版　復興経済の原理及若干問題』山中茂樹・井上琢智編、関西学院大学出版会）

＊　＊　＊

関東大震災の折、焼土に理想的帝都の建設を試みた時の内務大臣・後藤新平に異議を申し立てた厚生経済学者の一文である。その七二年後、神戸の震災で、作家・小田実（故人）は著書『これは「人間の国」か――西方ニ異説アリ』（筑摩書房）のなかに義憤をこう書き綴った。

「国と地方自治体がこれまで推進して来た復興は、つまるところ、建物、道路の復旧、さらには人工島、海上空港の建設など乱開発の再開だった。（中略）しかし（中略）判りきった話だが、市民の生活再建を欠いては、経済の回復はない」

先の大戦を挟んでいるにもかかわらず、あまりにそっくりな論調に驚きを禁じ得ない。

二〇一五年一月一七日は阪神・淡路大震災から二十年。私たちは、そろそろ勘違いに気付かなければいけない。災害復興と言っても、権力中枢の考える復興と被災者の願う復興は、およそ異なるということを。「アベノミクスの株価高が必ずしも国民の懐を豊かにしていない」との疑念がもたれているように、東日本大震災復興構想会議の提言についても、東北の復興を第一に考えたものだったのかという不信感が残る。

「日本経済の再生なくして被災地域の真の復興はない」。この提言五の文脈には、未曾有の災厄が、日本経済にさらなるデフレスパイラルをもたらすのでは、という国家中枢の怯えが潜んではいなかったか。でなければ、復興予算の多くが「東北以外」にばらまかれた理由が説明できないのだ。

統治者は、復興の成果を個人個人の再生の積み重ねではなく、社会の総和に求める。つまり彼らにとって被災者と非被災者が入れ替わってもさしたる問題ではないのだ。

逆に福田徳三の唱えた「人間復興」の制度化は、戦後憲法の要とも言える自己決定権に基づく幸福追求権を復興過程にどう反映させるかが重要なカギとなる。平たく言えば、「復興をお上任せにせず、われわれの手で成し遂げよう」ということだ。併せて、一人勝ちの復興ではなく、被災の哀しみも復興の果実も分かち合う。少し難しくいえば、機会平等と最小不幸、国や社会による富の再配分を基調にした「復興リベラリズム」の精神こそ、大災害時代における復興のロードマップとなる。

高齢化と人口減少というシュリンクの時代である。いまや幻想に過ぎない右肩上がりの経済復興ではなく、人間サイズの幸せこそ復興の指標にすべきだと考えている。

（二〇一五年一月一一日）

加納実紀代

アカクヤケタダレタ　ニンゲンノ死体ノキメウナリズム
スベテアツタコトカ　アリエタコトナノカ
パツト剝ギトツテシマツタ　アトノセカイ

（原民喜「夏の花」『日本の原爆文学1』ほるぷ出版）

＊　＊　＊

原民喜とちがって、わたしの広島の死者たちは真黒焦げのデクノボー。五歳になったばかりのわたしはそのゴロゴロする中を歩いたが、ただ首があるかないかだけが気になった。真っ黒けのデクノボーは平気だったが、首がないのは怖かったのだ。

しかし「パット剝ギトツテシマツタ　アトノセカイ」はわたしの原風景でもある。3・11のあと、まず思い浮かんだのはこの一節だった。類似性によってではない。逆にあまりの違いに記憶の底から浮かび上がったらしい。いのちも暮らしも根こそぎ「剝ギトツテシマツタ」のは同じでも、3・11後の世界には、おびただしいモノの集積があった。自動車、洗濯機、テレビ、冷蔵庫……。3・11前まで便利で快適な暮らしを支えていたモノたちが、そのかたちを保ったまま折り重なり、積み上げられていた。

広島にはそんなものはなかった。焼かれてしまったからではない。もともとなかったのだ。そこから始まったわたしの暮らしも、いまや電気がなければ厄介なゴミにすぎない電気製品にとりまかれている。そしてそれらがなければ一日も暮らせないと思ってしまっている。だとすれば「唯一の被爆国」の被爆者であるわたしも、この地震列島の海岸にたつ五十余基もの原発と無縁ではない。

原発導入の起点は一九五三年、アイゼンハワー米大統領の「Atoms for Peace（原子力の平和利用）」演説だが、この年は日本の「電化元年」でもあった。テレビ放映が開始され、家庭電化製品が相次いで売り出された。テレビ、冷蔵庫、洗濯機が「三種の神器」ともてはやされ、六〇年代後半には約九割の家庭に普及している。原発はそうした電化生活を基盤に、日本社会に浸透していったのだ。

おかげで私たちは、冬暖かく夏涼しい、便利で快適な生活を手に入れることができた。しかしそれが地域独占企業から配給される電力に依存している限り、その都合によって大きく左右される。3・11はそのことを如実に示した。

七〇年前、「パット剝ギトツテシマツタ　アトノセカイ」は広島だけでなく、日本全体がそうだったともいえる。それは日本近代の「富国強兵」路線の帰結だった。敗戦はそれを問い直す絶好の機会だったが、戦後日本は「平和国家」を標榜しながらその延長線上を突っ走った。挙げ句の果てが3・11である。

戦後七〇年の今年、いまいちど「パットト剝ギトッテシマッタ　アトノセカイ」に立ちもどり、戦後を歩き直したいと痛切におもう。

（二〇一五年二月一一日）

金時鐘

ノアの洪水さながらの東日本大震災の惨事すらやがては記憶の底へと沈んでいって、またも春は事もなく例年どおり巡っていくことであろう。記憶に沁《し》み入った言葉がないかぎり、記憶は単なる痕跡にすぎない。

（「東京新聞」二〇一一年四月一二日、夕刊）

＊　＊　＊

これは、私が東日本大震災直後に書いたエッセイの一節である。あれからまたも、四度目の春が巡りこようとしている。

二〇一一年三月一一日、間もなく新横浜駅に着くという手前のところで、新幹線は急停車した。地震があったもようだとのアナウンスが流れて、それから延々五時間近くも車内待機を線路上でさせられた。八十二にもなってお褒めにあずかった、とある詩賞を頂戴しに、東京まで乗り合わせていた新幹線だった。

それこそ這うように進んで東京駅まではなんとかたどり着きはしたが、駅構内も街なかも人の塊が荒磯の波がしらのようにざわめいていた。まったくもって行き暮れてしまったわが一行の四人連れだった。電話も通じず宿泊所もなく、思い余って済州島（韓国）の姪に電話での仲立ちを頼んだところ奇妙にも文京区の身内に連絡がついて、こちらまで迎えにくるとの返信をまた済州島から受け取った。

ところがそのせっかくの連絡も効を奏しはしなかった。一時間余りが経っても迎えの車は現れず、人びとは街路をあふれて、行く当てがあるのかないのか、一定方向へとにもかくにもうごめいて行っていた。そのうちなんとか携帯電話がつながりだした。ふんづまりの車列にはまって身動きがとれないでいる甥からも、投げやりな悲鳴を伝えてきた。

幸運にも救いの手は、思いもよらない方角から差し延べられてきたのだった。あわや東京難民になりかけていた私たちのところへ、ある出版社の人が徒歩で助けに来てくれた。何度も地下道をかいくぐり、ようやく動きだした地下鉄を乗り継いで贈呈式の会場だった飯田橋のホテルへ、日替わりの時刻間近にたどり着いた。深更に至っているというのに、詩賞関係の方々はそのまま私を待ち受けてくれていた。吉増剛造、藤井貞和、高橋睦郎、佐々木幹郎。東日本大震災が発生した日の夜、東京で覚えた忘れがたいお名前である。

ホテルはエレベーターも止まっていて、注文の一切が適わなかった。それでも何かで祝いたくて、私の飲みさしの焼酎を分け合って乾杯した。晴れの贈呈式よりも感銘ぶかい表彰だった。贈呈式は流れたが私はそれだけ、人智のおごりを引っぺがして余りあった三月一一日の、峻烈な啓示に選ばれて向き合わされた者ともなった。言葉は口ごもり、詩もまた破綻を余儀なくされていた。

（二〇一五年二月一一日）

今日マチ子

じつは関東大震災の日、里見弴は妻ならぬ女性と東京の待合にいたのである。妻と五人の子供たちは逗子の家にいた。逗子だから地震の被害は甚大、家族の安否をめぐって大騒ぎとなった……。

（武藤康史「里見弴と関東大震災」、小沢健志編『写真で見る関東大震災』ちくま文庫）

＊　＊　＊

「地震のとき、どこにいらっしゃいました?」

東日本大震災後、しばらくはこれが挨拶がわりになっていた。答えるたびに、震災と自分の距離を試されているようで、居心地が悪かった。正解なんてないはずなのに、周到に「事実であり、かつ、好ましく、話のタネになる内容」をさぐっているのが不気味だった。余震があったって、足下がぐらついていたって、わたしはここにいるのに。

震災後すぐ、チャリティー企画にたくさん誘われた。被災者を励ますイラストを描いて欲しい、というものだったが、みな断ってしまった。

寄せられた善意は素直に受け取るものだ。けれど、そういうふうにできない人だっているはずだ。自分のすべてが傷つけられたあと、笑顔のイラストを送られて、笑うことはできない。あらゆる負の感情に支配されるだろうし、攻撃さえしてしまうかもしれない。何もしないことが、弱い人々への見えない共感になると思った。しかし、こういった態度は、「好ましくない」とされ、表沙汰にするのはなかなか勇気のいることだった。

友人と伊豆に出かけることにした。地震から一ヶ月も経っていない、三月の末頃だ。ゆったりとした暖かい空気に包まれて、わたしたちは呑気に露天風呂につかった。ふたりで、震災後の窮屈さについてさんざん文句を言った。自分の生活のなかに、あらゆる他人の言葉が流れ込んでいることにイライラしていた。わたしは、好ましくないし、愚かだし、くだらないし、弱いのだ。風呂上がり、アイスクリームの自販機を使おうとしたら、節電のために消えている。従業員が駆け寄って、電気を入れてくれた。なんだ、つくじゃないの。笑ってしまった。

被災地のことを想像することは大切だ。でも、それと同時に、いまの自分の生活もそれ以上に重要なことなのだ。わたしは、アイスクリームが目の前にあるならば、食べる。マッサージ師が呼べるなら、頼む。テレビを観る。ふかふかの布団で寝る。

真夜中、旅館の前の渓流の音で目が覚めた。真っ暗ななか、水の流れる音だけが大きい。障子の向こうから、まだ春になりきれていない空気の冷たさが入り込んでくる。何も見えないから目を閉じる。川は濁流になり、海につながり、大きな波になる。この暗闇はたぶん、被災地にもつながっている。そんなことを感じながら、意識はたよりなく消えて、布団のなかに落ちていった。わたしはここにいる。

（二〇一五年二月一一日）

執筆者紹介

井出孫六(いで まごろく)
1931年生まれ．作家

木内 昇(きうち のぼり)
1967年生まれ．作家

安丸良夫(やすまる よしお)
1934年生まれ．日本思想史研究者

稲葉 剛(いなば つよし)
1969年生まれ．生活困窮者支援

鎌田 遵(かまた じゅん)
1972年生まれ．アメリカ先住民研究者

富山妙子(とみやま たえこ)
1921年生まれ．画家

多和田葉子(たわだ ようこ)
1960年生まれ．作家

早川由紀美(はやかわ ゆきみ)
1967年生まれ．新聞記者

松林要樹(まつばやし ようじゅ)
1979年生まれ．映画監督

齋藤純一(さいとう じゅんいち)
1958年生まれ．政治学者

神野直彦(じんの なおひこ)
1946年生まれ．経済学者

矢野久美子(やの くみこ)
1964年生まれ．思想史研究者

岡田知弘(おかだ ともひろ)
1954年生まれ．地域経済学研究者

高橋久美子(たかはし くみこ)
1982年生まれ．作家，作詞家

山口二郎(やまぐち じろう)
1958年生まれ．政治学者

枝元なほみ(えだもと なほみ)
1955年生まれ．料理研究家

白井 聡(しらい さとし)
1977年生まれ．政治学者

馬場あき子(ばば あきこ)
1928年生まれ．歌人

五十嵐太郎(いがらし たろう)
1967年生まれ．建築史家

野口雅弘(のぐち まさひろ)
1969年生まれ．政治学者

平川秀幸(ひらかわ ひでゆき)
1964年生まれ．科学技術社会論研究者

加藤陽子(かとう ようこ)
1960年生まれ．歴史学者

坂元ひろ子(さかもと ひろこ)
1950年生まれ．中国近代思想史研究者

外岡秀俊(そとおか ひでとし)
1953年生まれ．ジャーナリスト・作家

赤川次郎(あかがわ じろう)
1948年生まれ．作家

辛 淑玉(しん すご)
1959年生まれ．人材育成コンサルタント

松江哲明(まつえ てつあき)
1977年生まれ．映画監督

金子 勝(かねこ まさる)
1952年生まれ．経済学者

鎌仲ひとみ(かまなか ひとみ)
1958年生まれ．ドキュメンタリー映画監督

姜 尚中(かん さんじゅん)
1950年生まれ．政治学者

遠藤比呂通(えんどう ひろみち)
1960年生まれ．弁護士

濱田武士(はまだ たけし)
1969年生まれ．漁業経済学者

山中茂樹(やまなか しげき)
1946年生まれ．災害復興研究者

加納実紀代(かのう みきよ)
1940年生まれ．女性史研究者

金 時鐘(きむ しじょん)
1929年生まれ．詩人

今日マチ子(きょう まちこ)
漫画家

連載「3.11を心に刻んで」は弊社ホームページに掲載されています．
(http://www.iwanami.co.jp/311/)

II

歩み 2014年

河北新報社

「河北新報」は，被災地と被災者の姿を継続して追うため，岩手県，宮城県，福島県から6地点を定め，四季ごとの連載ルポ「歩み」を2012年4月から掲載しています．本書では，そのうちの3地点(宮城県名取市・閖上地区，福島県浪江町，宮城県石巻市・石巻水産復興会議)を追った連載や別の記事から，地点ごとに，2014年冬，春，夏，秋の一部を収録し，最後に「4年目の冬に」として各連載担当記者の思いを書下ろしで掲載しました．

被災地のことを心に刻むためには，被災地の変化に思いを寄せ「わがこと」として被災地，被災者とともに歩むことが求められると考えます．その歩みのひとつとして，「河北新報」の記事と書下ろしを本書に収録します．

宮城県名取市・閖上地区

〔名取市閖上地区〕沿岸部の住宅街(町区)と、それを取り囲む田園地帯(丘区)からなり、震災前は約七一〇〇人が居住した。震災で住民七五〇人が死亡。土地区画整理事業による現地再建方針が二〇一一年一〇月、市議会で議決、二〇一四年一〇月、土地区画整理事業の起工式が行われた。

二〇一四年冬

二つの震災で失われた幼子が、二人の母親をつなぎ、一冊の絵本を生んだ。

「私たち家族の思いが、少しでも多くの方に伝わってくれれば」

仙台市若林区のアパートの一室で、竹沢さおりさん(三八歳)が言う。兵庫県西宮市のたかいちづさんと共同で絵本作りを進めてきた。

竹沢さんは東日本大震災で、たかいさんは阪神・淡路大震災(一九九五年)で、息子を失った。絵本には、それぞれの家族の物語を紡いだ二編が収められた。『優しいあかりにつつまれて』のタイトルで、一月一三日に出版される。

三年前のあの日、仙台で仕事をしていたさおりさんは、名取市閖上《ゆりあげ》二丁目の実家に長男雅人ちゃん(当時八カ月)を預けていた。巨大な津波が街をのみ込み、雅人ちゃんは行方不明になった。さおりさんの父(同六四歳)、母(同六一歳)、祖母(同九三歳)も犠牲になった。

砂をかむような日々だった。夫守雅さん(四六歳)とがれきの中を歩き、必死に雅人ちゃんを捜した。逆さになった母の車が見つかった時は、指先から血がにじむほど、車の中にたまった泥を必死でかき出した。

どこを捜しても雅人ちゃんは見つからなかった。時間だけが経過した。「これから自分はどうなるのだろう」。生き方が分からなくなり、さおりさんは「心の相談窓口」に何度も足を運んだ。

ブログを通じて二〇一二年、たかいさんと知り合った。たかいさんは阪神・淡路大震災で西宮市の実家が倒壊し、当時一歳半だった双子の兄将《しょう》ちゃんを失った。

たかいさんとメールで交流するうち、自然に心が打ち解けた。「一緒に絵本を作りませんか」。たかいさんに誘われたのは翌年（二〇一三年）三月。それぞれが文章を書き、イラストレーターが絵を描いた。

さおりさんは家族の歩んだ日々をつづった。

〈2010ねん7がつ17にち　3510グラムのげんきなおとこのこがたんじょうしました〉

〈2011ねん3がつ11にち　おおきなおおきなじしんのあとにとってもとってもおおきなつなみがきて…〉

幸せな日常は、突如暗転した。雅人ちゃんがいなくなって泣いてばかりいるさおりさんに、ある日、空から舞い降りた子どもが贈り物を届けるシーンが描かれる。箱の中身は、小さな女の子。

〈雅人おにいちゃんはとってもかわいい「いもうと」をプレゼントをしてくれたの〉

二〇一二年一月、守雅さんとさおりさんは娘を授かった。新しい命の誕生は、失意の底にいた夫婦にもう一度、生きる意味を教えてくれた。

絵本を彩る淡い色彩が、わが子への尽きぬ愛と心の再生を浮かび上がらせる。「でも、雅人を失った悲しみはずっと続く。震災をきれいごとにしたくはありません」。今も整理できない思いを抱え、さおりさんはそっと目を伏せる。

◇

〈雅人おにいちゃんと　あえなくなったことは　いまもかなしい。このかなしいきもちはず

っと、消えないんだ〉

さおりさんは、絵本の中に正直な気持ちを書いた。

「〇・一%かもしれない。でも、どこかで生きている可能性は捨てきれない」と夫守雅さん。二〇一三年一一月、閖上の現地再建計画が正式に決まった。二〇一四年秋にもかさ上げ工事が始まる。しかし、雅人ちゃんを含めて四一人が行方不明のままの着工に違和感を覚える。

見つかるまでは心から泣けない。死亡届は出したが、あくまで形式的なもの。苦悩をブログにつづると「いつまでもぐずぐずするな」と書き込まれ、一層心が折れそうになったこともある。

たかいちづさんは、さおりさんたちの姿に自分が重なる。

たかいさんは阪神・淡路大震災発生時、西宮市内の実家に帰省していた。並んで寝ていた当時一歳半の将ちゃんの上にたんすが倒れ、崩れた屋根がのしかかった。「うー」という将ちゃんのうめき声が聞こえた。そこは、前日まで自分が寝ていた場所だった。「生きていれば、ちょうど二〇歳。息子を失ってしまった悲しみ、守ってあげられなかった後悔、自分が生き残ってしまった罪悪感にさいなまれた」とたかいさん。不幸を嘆き、慰めの言葉にさえ傷付いた。かろうじて前向きに生きる覚悟ができたのは、震災から一〇年が過ぎたころだった。

東日本大震災からまだ三年もたっていない。さおりさんには、震災の記憶が社会からどんどん薄れていくように感じる。せめて、雅人ちゃんがこの世に存在した証しを残したい。再び生きる力を与えてくれた娘（一歳）に感謝の気持ちを伝えたい。絵本にはそんな「願い」を託した。

微妙な心情の変化もある。わが子を失った親の集いを開く「つむぎの会」に参加して、さおりさんは「悲しみは乗り越えるものでも、立ち

津波で流された実家跡にたたずむ竹沢さおりさんら親子

向かうものでもない」という考え方を知った。「悲しみに身を任せていい」。そう言われたような気がして、少しだけ気持ちが楽になった。

昨年、さおりさんは震災時に勤めていた会社を辞め、求職者支援訓練に通ってパソコン技能を学んだ。しばらくはインターネットを使った在宅の仕事をしながら、徐々に自分の歩む道を定めていこうと思っている。

絵本に描かれる娘は、雅人ちゃんの服を着て、雅人ちゃんのおもちゃで遊ぶ。わずか八カ月で途絶えた命の営みは、妹へと受け継がれた。

さおりさんはかみしめるように言う。「雅人が届けてくれた明かりが私たちを照らし、笑顔をくれる。その明かりがともり続けるように、心の中で雅人と一緒に生きていきます。一〇〇年後、家族みんなでもう一度会えることを夢見ながら」

〈やっとあえたね〉

絵本の最終ページに、再会を果たして抱き合う母子の姿が描かれている。

◇

絵本『優しいあかりにつつまれて』は一六八〇円。売り上げの一部が震災行方不明者の捜索活動などに寄付される。連絡先は神戸市中央区の出版社くとうてん(http://kutouten.co.jp)。

(一月一一日、一二日「河北新報」掲載。以下も同紙)

二〇一四年秋

東日本大震災で被災した宮城県名取市閖上地区の土地区画整理事業は一〇月二〇日に起工式を迎え、本格始動した。曲折をたどった復興計画作りを振り返りながら、今後の課題を探る。

起工式を間近に控えた一〇月一〇日夜、名取市下増田《しもますだ》公民館で閖上地区土地区画整理事業の工事説明会が開かれた。

参加した住民に示されたのは、地盤を海抜五メートルまでかさ上げするのに必要な土砂量。実に約一七〇万立方メートルに及ぶ。市内外計七カ所の土取り場から、一日一〇〇〇台を超す大型トラックが長期にわたり閖上に土を運び込む大事業だ。

約七五〇人の命が奪われた閖上地区。名取市は津波対策として、地盤のかさ上げに加え、海抜七・二メートルの防潮堤などを築く多重防御策を掲げた。

「仮に東日本大震災と同じ規模の津波が来ても、まちは流されない」。佐々木一十郎《いそお》市長は、現地再建する閖上の安全性の高さを強調する。

市の方針に対し、住民の間には不安がくすぶり続けた。意向調査を行うたびに閖上に戻る住民は減り、内陸への移転希望が増えた。二〇一三年一〇月の県都市計画審議会では、計画修正を求めて約四五〇人の署名とともに計一六通の意見署が出された。

大友美恵子さん(六八歳)も市に計画見直しを

要望し続けた一人だった。震災時、大友さんは閖上小校舎の脇で、生後間もない孫を持ち上げながら、胸まで津波に漬かりながら九死に一生を得た。親しい人々が多数犠牲になり、変わり果てたまちの姿にぼうぜんとした。

二度と津波に遭わないよう、再建エリアを内陸側に広げるよう市に求めてきた。しかし、「市は聞く耳を持たなかった。もっと住民の心情を理解し、寄り添ってほしかった」と唇をかむ。

大友さんは現地再建計画をどうしても受け入れられず、内陸に中古住宅を購入した。閖上に戻る親戚や友人らと離れ離れになり、申し訳なさを感じている。

市が当初描いた閖上の計画人口は、大幅に縮小した。国や県との調整に追われ、まちの将来像も描き切れていない。

津波で両親を失いながらも、地域情報紙「閖上復興だより」を発行して早期復興を願ってきた格井直光さん(五六歳)は「計画の在り方について、住民と行政が腹を割って話し合う場がなかったことが一番残念」と話す。

県都市計画審議会は市に対し、被災者感情への配慮を求める付帯意見と建議を出した。事業が始まった今も、市は重い課題を背負っている。

◇

名取市閖上地区の復興計画を住民主体で考える「閖上地区まちづくり協議会」は九月下旬、市に対し「道路」「公園」「災害公営住宅」の三項目から成る第一次提案を行った。

「住民目線で計画の中身を議論し、少しでもいいまちをつくらなければ」と代表世話役の針生勉さん(五二歳)が言う。

協議会は、行政主導だった前身の「閖上復興まちづくり推進協議会」に代わって今年(二〇一四年)五月に設立された。ただ、参加者は多くない。提案をまとめた臨時総会の出席者は三七世帯。広く意見を集めようと市役所などに置いた提案箱も、反応は鈍い。

「住民はまちづくりに関心がないわけではない。復興がなかなか形として見えてこないから、積極的に議論に参加する空気が生まれなかった」と針生さんはみる。

協議会メンバーの武藤精一さん（五〇代、仮名）は、そんな状況を歯がゆい思いで見つめてきた。「工事が進む前に意見を言わなければ、住民の思いは計画に反映されなくなる」と強調する。

武藤さんは家族四人で閖上に暮らしていた。津波は妻子三人を奪い、自宅跡も災害危険区域になった。家族や家を失っても、閖上に戻る気持ちは変わらないという。

「妻も子どもも閖上が好きだった。悲しい記憶は消えないが、閖上の穏やかな気候や自然景観、人間関係を離れることはできない」と話す。

現地再建を決めた市の手法が強引に見えて、しばらくは復興の議論に距離を置いていた。しかし、距離を置けば置くほど行政主導のまちづくりになるように思えた。

課題は山積している。閖上に戻る住民数は市の推計に届かないという見方が多い。若い人ほど自立して閖上を出るケースが多く、戻る人は高齢者が目立つ。特に住民の七割が集中する災害公営住宅は、三五～四〇％が六五歳以上と見込まれている。

活気ある閖上を取り戻すには何が必要か。協議会は小さな公園（ポケットパーク）を多数点在させることや、災害公営住宅の集合住宅と一戸建てを近接させて親子同士の交流が進むような工夫も提案している。

「港町として発展した閖上らしさを残しつつ、安全で快適に暮らせる環境を実現したい」と武藤さん。閖上を愛した家族に恥ずかしくないまちをつくるのが願いだ。

◇

「あの時が一生の別れになるとは思いませんでした。自分はなぜ生き残ったのかと、涙が止まりませんでした」

名取市閖上地区のプレハブ小屋に一〇月一二日、切ない声が響いた。閖上中遺族会代表の丹野祐子さん(四五歳)。支援団体の活動拠点「閖上の記憶」で、閖上を訪れた人々に自身の体験を伝える「語り部」を務めている。

閖上中一年だった長男公太君(当時一三歳)と義理の両親を津波で亡くした。あの日、丹野さんは地震後に長女と指定避難所の閖上公民館グラウンドにいた。公太君も友人と一緒に来ていた。突然、東の方角から黒い津波が押し寄せた。

丹野さんは長女と一緒に公民館二階に駆け上がり、離れた場所にいた公太君の名前を大声で叫んだ。しかし、公太君はそのまま行方が分からなくなった。二週間後、がれきの中から発見された。

震災の語り部として長男を亡くした体験を語る丹野祐子さん

閖上中の生徒は一四人が犠牲になった。子どもたちが生きた証しを残そうと、遺族会は旧校舎敷地にそれぞれの名前を刻んだ慰霊碑を建てた。二度と惨事を繰り返さないと心に誓った。

閖上の現地再建で、市は地盤のかさ上げや多重防御による安全性を強調している。しかし、丹野さんはハード事業には限界があると感じる。

「あれだけ大きな津波が襲ったら危険は同じこと。一番大切なのはそれぞれの意識ではないか」

丹野さんは仲間と市民団体を設立し、防災教育に取り組む準備を進めている。団体名は「ゆりあげかもめ」。メンバーは定期的に集まり、防災セミナーの開催や教材づくりの勉強会を重ねる。

次世代に教訓を伝えるのは難しい。「災害の経験を伝えられる記憶の限界は二〇～三〇年」。勉強会ではそんな研究者の報告も示された。

閖上の土地区画整理事業は二〇一八年三月完了の予定だ。事業地内の西側には小中一貫校の閖上小・中学校が建設される。新たなまちの出発を見据え、将来の子どもたちにも防災意識を根付かせる努力を続けていかなければならない。

「今は決して「震災後」ではなく、次の災害が起きる「震災前」なんだ」。丹野さんは何度も自分に言い聞かせる。

遠く離れた地へ飛ぶカモメのように、閖上の空から震災の教訓を届けたい――。「ゆりあげかもめ」の名称には、そんな願いが込められている。

（一〇月二二日、二三日、二四日掲載）

四年目の冬に

待望の着工にもかかわらず、心は晴れなかった。二〇一四年一〇月二〇日、宮城県名取市閖上地区で土地区画整理事業の起工式が行われた。住民の合意形成が難航し、事業スケジュールは大幅にずれ込んだ。

閖上の復興をめぐっては、現地再建を目指す市と内陸移転を求める住民が対立する構図が続いた。復興の根幹を成す方向性のずれは一体どこから生じたのか。

二〇一三年春の意向調査で、閖上に戻りたいと答えた住民は約二五％、内陸移転を望む住民は移転済みを含めて約六〇％だった。同年一〇月の県都市計画審議会には、計画修正を望む多くの署名を添えた意見書が出された。三度の審議の末に不採択となったが、住民感情への配慮を求める異例の付帯意見と建議が付いた。

閖上のまちを現地で再建するには一定規模の人口集積が必要となる。市は地盤のかさ上げなどによる津波対策を掲げて安全性を強調したが、現地再建にこだわるかたくなな姿勢がかえって住民の反発を招いた面は否めない。

「混沌とした魅力があり、本当に楽しいまちだった」。市長は閖上への思い入れを熱く語る。かつて漁師町として栄えた閖上は独自の文化を育み、濃密な人間関係も自慢だったと振り返る。

しかし、被災者感情は単純ではない。閖上で親族らを亡くした男性（七八歳）は「あの日、濁流に流されていく人たちを見た。地獄絵図のような光景を見てしまった私たちに、閖上に戻れというのは酷な話」とつぶやく。

同じ閖上の住民でも感情には濃淡があり、時間の経過によっても意識は変わる。複雑に揺れ動く意識とまちの再建をどう両立させるか。そこに復興の難しさがある。

閖上に戻る被災者の七割が災害公営住宅に入居する。多くは高齢者だ。経済的な事情や旧来のコミュニティーを離れることへの不安から、たとえ津波が怖くても閖上に戻るしかないという人も多い。

未曾有の災害に直面し、市も余裕を失った。度重なる計画修正に追われ、住民と真正面から向き合って話し合う機会がほとんどなかったことが悔やまれる。

現地再建に動きだした今、一日も早い事業完了と安全・快適な居住環境を実現しなければならない。防災教育の充実などを目指す住民の自発的な動きも始まった。葛藤を乗り越え、被災者に本当の笑顔が戻ることを願っている。

河北新報社岩沼支局・成田浩二

福島県浪江町

〔浪江町〕町全域が避難指示区域で居住はできない。東日本大震災当時の人口は約二万一千人だったが、約一万九千人に減少。住民の避難先は福島県内が七割、県外が三割。町は二〇一六年三月以降に避難指示を解除する計画だが、除染やインフラ復旧が進まず、帰還の見通しが立たない状況が続く。

二〇一四年冬

転校は生まれて初めてだった。「原発避難者」の自分は一体、どんな扱いを受けるのだろう。不安が拭えなかった。

二〇一一年五月上旬。福島県浪江町の高校三年だった今野強貴《つよき》さん(二〇歳)は、古里から約二〇〇キロメートル離れた新潟県柏崎市にいた。

東京電力福島第一原発事故による避難生活を続けながら、浪江高から柏崎市の高校に転入することになった。二歳年下の弟と共に初登校のため駅に向かった。

「放射能がうつる」。東京に避難した浪江高生がそう言われたらしい。避難所で聞いたうわさ話が耳にこびりついて離れなかった。

高校生で満員の電車に揺られながら、自分たちだけ目立っているようで顔を上げられなかった。

阿武隈《あぶくま》山地に抱かれた浪江町津島地区で母と弟、妹の四人で暮らしていた。

二〇一一年三月一二日。福島第一原発一号機が爆発した。津島は町内で原発から最も遠い。町の指示で住民が続々と逃げてきた。集会所で物資運びや避難者誘導を手伝った。

一四日昼、地元の大人が突然、言った。「建

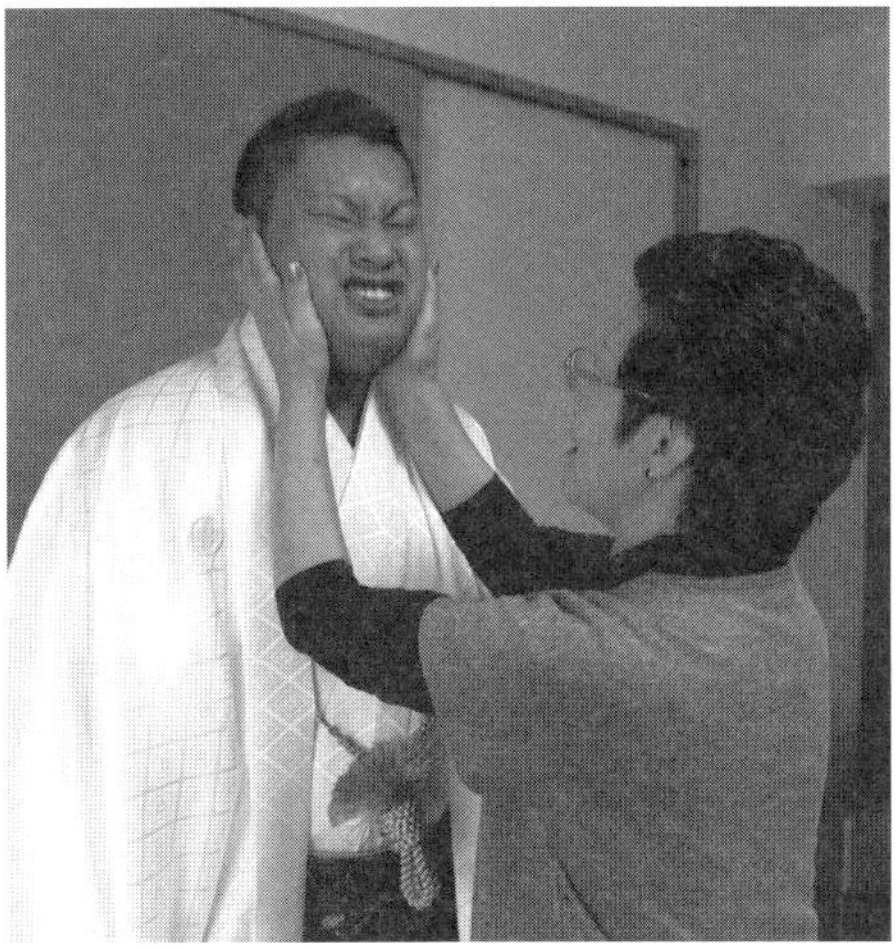
成人式にはかま姿で出席した今野強貴さん.「いい男だ」. 着付けをしてくれた祖母が頰をたたいて送り出した

物の中さ入れ」。家に戻ってテレビをつけると今度は三号機が爆発していた。

「大勢が避難して来ている。ここは大丈夫」「さすがに二度目の爆発はやばいかも」。楽観と悲観が交錯した。母も判断に迷っていた。

日付が変わろうとしていたころ、呼び鈴が鳴った。「逃げないか」。避難を勧めに来た隣家の住民だった。着替えと愛用の枕を持ち、母の車に乗り込んだ。どこが安全な場所か、情報は全くない。取りあえず向かった福島市の体育館は、避難者でごった返していた。一週間ほど身を寄せた後、柏崎市の親戚から避難所を紹介され、新潟に移ってきた。

緊張して臨んだ転校初日の休み時間。クラスメートの一言で、肩の力が一気に抜けた。「大変だったでしょう」

柏崎市は新潟県中越沖地震(二〇〇七年)の震源に近く、多くの生徒が被災体験を持っていた。被災者のつらさが、分かるのだろう。不安は杞憂にすぎなかった。

高校生活最後の一年。浪江高と同じく、野球部に入り、夏の地方大会に出場した。一回戦で敗れたが、野球ができる喜びがあった。

大会が終わると、進路が気になった。保育士になりたい。いわき短大(福島県いわき市)へ進学したい。そんな希望を母に相談すると、「推薦枠がある地元の高校に戻った方がいい」と勧められた。

福島県二本松市に浪江高のサテライト校がある。夏休み明けの授業に間に合うよう、八月下旬、引っ越しで再び県境を越えた。

◇

「美しい故郷を忘れず、町の再興に関わってほしい」。町長の祝辞が心の片隅に引っかかった。「町に帰ってきてほしい」という意味なのだろうか。そうならば、戻らないと決めた自分は……。

東京電力福島第一原発事故で全町民が避難した福島県浪江町の成人式が一月一二日、町役場が置かれている福島県二本松市であった。

今野強貴さんは津島地区の代表として、成人証書を受け取った。全国に散らばった友人たちとの再会を喜び、近況を報告し合った。

今野さんは原発事故後、家族と共に新潟県柏崎市に避難した。二〇一一年八月、二本松市にサテライト校を開設していた浪江高に戻り、福島県いわき市のいわき短大に進んだ。

短大は学生の九割が福島県出身で、多くの新入生が避難生活を経験していた。「どこまで避難した？」。それが自己紹介する時の合言葉のようになった。

寮で一人暮らしをしながら、中学時代からの目標である保育士の資格取得を目指した。バスケットボールとフットサルのサークルを掛け持ちし、忙しい毎日を送った。今は保育士免許に必要なピアノの試験に向けて特訓中だ。

放射能に追われ、慌ただしく自宅を出てから間もなく三年となる。同級生らと原発事故や避難生活の話をすることは、ほとんどなくなった。原発や東京電力に対する怒りも、実はそれほど湧いてこない。

あれだけの地震と津波だ。仕方がない部分もあるように思える。原発が何もかも悪いように言われ、現場で働く人たちが報われないのはおかしいとも感じる。

町長が言うように古里はいい所だった。幼いころは、朝から晩まで野山を駆け回った。車はめったに通らない。代わりに子連れのイノシシが横切るような田舎道で、仲間たちと自転車で競走した。

短大の一学年下に幼なじみがいる。顔を合わせれば、「あの頃に戻りてぇなあ」と懐かしむ。決して古里を忘れたわけではない。

津島は町でも放射線量が高い地区の一つ。帰還時期は見通せない。もう戻れないと諦めている。二本松市に住む母親も同じ考えだ。「浪江に帰る」と言っている友人は、少なくとも自分の周囲にはいない。

卒業後は、いわき市内の障害者福祉施設で働くことが決まっている。

復興って何だろう？

仕事をしっかりこなし、いつかは家庭を築くこれからの人生の中で、その答えは見つかると思っている。

（一月二七日、二八日掲載）

二〇一四年春

「原発焼きそば」「放射能焼きそば」。インターネット上に心ない書き込みをされたことがあった。

福島県浪江町の「なみえ焼そば」をPRする「浪江焼麺太国」が二〇一三年一一月、愛知県豊川市で開かれたご当地グルメによるまちおこしの祭典「B－1グランプリ」で優勝した。橘《たちばな》弦一郎さん（四〇歳）は団体の一員として表彰台に上った。

二〇〇八年、うどんのような太い麺に豚肉、もやしを加えたなみえ焼そばで町おこしを始めた。団体を設立し、全国を歩いて実演販売した。

B級グルメのブームに乗り、町へ観光客がやって来た。二〇一〇年一一月に開いた「やきそばサミットin浪江」は二日間で三万人を集めた。

浪江町は東京電力福島第一原発事故で避難区域になった。観光客どころか、町民も姿を消した。橘さんは滋賀県の親戚宅に避難した。

事故から一〇日後、団体代表の八島貞之さん(四五歳)から電話があった。

「活動を再開したい」

ためらった。妻綾子さん(三四歳)への放射能の影響を考えると、福島県には戻れない。

「ここからが本当の町おこしじゃないか」

ひるむ胸の内を見透かされたかのように強い調子で説得された。「町おこしをしてきた自分が町を捨てるのか」。覚悟を決め、三週間後に福島県郡山市の民間住宅を借り上げた「みなし仮設住宅」に移った。

なみえ焼そばを提供する店を訪れ，店員と談笑する橘弦一郎さん(左)

福島県に戻ると、勤め先の不動産会社の業務に忙殺された。避難した家主と賃貸者のトラブルが続出し、苦情の電話が一日七〇件鳴った。

南相馬市の支店まで片道七〇キロの山道を走る。帰りは決まって深夜で、パトカーくらいしか擦れ違わない。車の中では線量計が音を立て、頭がおかしくなりそうだった。

他のメンバーも境遇は同じだった。団体は二〇一一年四月に活動を再開したが、それぞれが避難先で仕事に追われた。家族との別居を強いられ、疲弊していった。誰からともなく「やめたい」と言葉が出た。

それでも続けられたのは、イベントで出会う人たちに「負けないで」と励まされたからだ。風評被害を心配していたが、「なみえ焼そば」はほとんどの会場で完売した。

二〇一二年一〇月に北九州市であったB―1グランプリでは、小学生が手紙をくれた。「いつか浪江に行って焼きそばを食べたい」

事故後、一〇〇回以上のイベントに参加した。地道な活動が二〇一三年の優勝を引き寄せた。同情票ではないと思う。焼きそばと団体「浪江焼麺太国」は町おこしのツールから、故郷の勲章に変わった。

長男由絃《ゆいと》ちゃんは一歳九カ月になった。生まれも育ちも郡山市だ。大きくなったら「浪江はいい古里だった」と胸を張りたい。

今年（二〇一四年）一〇月、郡山市でB―1グランプリが開催される。通常は前年優勝した団体の地元で開かれるが、浪江では無理なため、主催者の厚意で同じ福島県の郡山市に決まった。

事故から三年。あるイベントで「まだ避難しているの」と聞かれたことがあった。

原発事故の風化を防ぐのも自分たちの使命だと思っている。

（三月六日掲載）

二〇一四年夏

陶芸家の近藤京子さん（五七歳）は二〇一一年四月下旬、東京電力福島第一原発事故により、福島市に避難した。原発事故から一カ月余り。

福島市に再建した窯で大堀相馬焼の作品制作に没頭する近藤京子さん

六畳二間のアパートは窮屈だった。炊事と洗濯くらいしかやることがない。気がめいった。

「もう一度、窯を持ちたい。何としても」

先行きは見通せない。家族は反対したが、じっとしていられなかった。

福島県浪江町に伝わる大堀相馬焼の窯元「京月窯」の一人娘として生まれた。父が一四代目。江戸時代から三五〇年続く。若いころ、その歴史がやけに重く感じられた。陶芸には興味を持てなかった。

「実家にいたら継がされる」

高校卒業後、実家を抜け出すように愛知県の専門学校に進んだが、卒業と同時に呼び戻された。窯で陶器のうわぐすりを塗る作業を任された。

遊びたい。おしゃれもしたい。何より父と同じ空間にいつも一緒にいるのが嫌だった。逃げ出す方便ばかり探していた。

町の宿泊施設に就職。出会った男性と結婚したのは二六歳のとき。だが、夫と同じ職場で働くのは、はばかられた。家業を継いだのは、そんな理由からだった。大堀相馬焼は器全体に広がる青いひびと、走り馬が特徴だ。「やるなら自分の色を出したい」。淡いピンクにブルー、グリーン。うわぐすりの調合を独自に学んだ。「どうしたら若い人に手に取ってもらえるだろうか」。自問を繰り返す。自分にしか出せない色合いに挑戦した。いつの間にか、陶芸にのめり込んでいた。

父が二〇〇〇年、脳梗塞で倒れ、第一線から退いた。窯を仕切るのは自分だけ。四季折々の風景や草木をモチーフにした女性らしい作品造りに没頭した。「一五代目」を自覚し、軌道に乗っていた。あの原発事故さえなければ。

放射能は窯の里にも降り注いだ。窯も、土の匂いも、常連客が集う空間も一変した。避難生活で募るのは、むなしさばかり……。

二〇一一年年八月、福島市に空き家を見つけ、すぐに窯の再建に取りかかった。年末、火入れにこぎ着けた。

「京子ちゃんはいいよね、再開できて」。大堀地区で二五ある窯元のうち、再開は最も早く、仲間の一部はうらやんだ。大堀地区は放射能の通り道。長期間、帰還できない。どこの窯も跡継ぎに困っていた。必死だ。

「みんなの気持ちは分かるから……」。そうしか言えなかった。人目を忍んで、一人泣いた。

作品を棚に並べ、ギャラリーを開くと、浪江のなじみ客が訪ねてきた。

「この器懐かしいね」

「浪江を思い出すね」

町民の憩いの場になると、父も店に顔を出すようになった。避難直後、一日中押し黙っていることが多かった父だが、最近は口数も増えた。

「もう、お父さんは引退してよ」。馬の絵付けを手伝う父に、軽口も言えるようになった。

「親の敷いたレールには乗りたくない」が若いころの口癖だった。いま歩く道は自分で選んだと思っている。

（七月二二日掲載）

四年目の冬に

「このまま待っていたら死んじまうよ」

福島県浪江町への帰郷を胸に、仮設住宅でじっと待ち続けていた避難者が一人、また一人と去っていく。

行き先は新築の一戸建てだ。県内のいわき市や南相馬市など暖かい気候の浜通りを選ぶ。帰郷までの一時的な避難場所ではない。ついのすみかだ。

高齢の避難者にとって、仮設住宅は帰郷へ希望を持てる場所だった。他の避難者と一緒にいれば、望郷の思いを強く持ち続けられる。避難先で家を建てたら、帰れなくなる気がする——。

民間アパートなどを借り上げた「みなし仮設住宅」で息子夫婦や孫と暮らす選択肢を捨ててでも、プレハブ仮設住宅で待つ高齢者は多かった。

東京電力福島第一原発事故から四年。「帰らない覚悟」を決め、仮設住宅を離れる人が増えてきた。

浪江町から避難し、福島市で大堀相馬焼の窯を再建した近藤京子さんの元を今年(二〇一五年)一月、久しぶりに訪れた。新作のコーヒーカップやランプシェードを眺めていると、避難前からの常連客の女性がお茶を飲みに訪ねてきた。

「仮設住宅を出て、家を建てる人が増えてきましたね」。私が何気なく話を向けると、女性が「それ、私のこと」と小さく手を挙げた。

女性は福島県双葉町から避難し、福島市の仮設住宅に入居した。夫が帰町を望み、仮設住宅を出ることをためらっていたが、昨年(二〇一四年)、市内に一戸建てを購入した。「一年、二年たつにつれて、帰郷は無理だねって分かったの」

避難者の背中を押すのは、目の前にある福島の現実だ。復興が実感できず、帰郷を諦めざるを得ない。

私は二〇一二年四月に福島に赴任し、避難区域に足しげく通ってきた。ベランダに干された洗濯物、動物の異臭がする住宅、背丈まで雑草が伸びた小中学校の校庭……。目に見える変化と言えば、除染土が詰まったフレコンバックの山が大きくなっていくくらいだ。

避難指示の解除見込み時期は浪江町が二〇一六年三月以降で、双葉町は未定。宅地除染の進捗率は浪江が七％、双葉に至っては未着手だ（二〇一四年一一月末時点）。今後、除染廃棄物を保管する中間貯蔵施設が双葉町に建設されると、搬入ルート沿いにある浪江町内を除染土を積んだトラックが行き来することになる。

原発避難者向けの災害公営住宅の建設も遅れに遅れている。二〇一五年一月一六日現在、入居が始まった災害公営住宅は一四一戸。県は全体で四八九〇戸の整備を予定しており、全体計画の二・九％にすぎない。

国の集中復興期間は二〇一五年度で終了する。宮城県や岩手県は最終年度に事業化を急ごうと躍起だが、福島県は遅々として復興が進まない中、集中復興期間が一五年度で打ち切られるとは到底考えられる状況にはない。

避難者は今年、原発事故から四度目の正月を迎えた。仮設住宅は狭くて寒い。避難者の健康と心の安穏を考えれば、一戸建ての家の方がずっといい。ただ、仮設住宅から一人、また一人と離れていくのを、手放しで喜ぶことができないでいる。

河北新報社福島総局・桐生薫子

宮城県石巻市・石巻水産復興会議

〔石巻水産復興会議〕震災直後の二〇一一年三月、石巻市の魚市場や水産関係者が集まって設立した。水産業の再生に向けて結束し、行政に計画を示したり、対応を要望したりしている。石巻市の水産加工業や関連事業の企業のうち再開したのは一一七社で、震災前の五六・五％にとどまる。

二〇一四年冬

ばらばらだった個人が情報や物、感情などを共有《シェア》することで、大きな力が生まれる。学生のころから他人と家を共有する「シェアハウス」に暮らし、悩みにぶつかった時には友人の励ましで乗り越えられた経験などから、シェアの力を信じている。

佐藤亮さん（二五歳）は昨年（二〇一三年）二月から、石巻市の石巻水産復興会議「将来構想ワーキンググループ（ＷＧ）」の実務を任されてきた。

大学を出てから東京で仕事をしていたが、東日本大震災後、古里に戻り、市の人材育成支援事業を活用してＷＧのスタッフになった。「水産加工業のシェア」と思える取り組みに興味を覚えた。

ＷＧが目指す共同販売事業で受注窓口をつくる仕事は、一年がかりで形になりつつある。市内に一〇〇社以上ある水産加工会社のうち約五〇社の業務内容などの情報を集め、データベース化するシステムの試作品が出来上がった。

量販店などから商品の問い合わせが入った場合、求められる魚種や加工方法を入力すると該当する商品を扱う会社を検索できる。ＷＧ共同代表の平塚隆一郎さん（五四歳）は「石巻の水産加工品のワンストップの相談窓口になる」と説明する。

「自分一人では絶対できなかった」と佐藤さんは振り返る。情報収集のため一社ずつ訪ねたが、水産加工業については全くの素人。門前払いされたり、専門的な話についていけなかったりした。

WGメンバーらに検索システムの試作品を説明する佐藤亮さん(前列右)と平塚隆一郎さん(同左)

試行錯誤する佐藤さんに、机を置く石巻魚市場買受人協同組合の理事長布施三郎さん(六三歳)や、平塚さんらがアドバイスした。検索システムの作成は市内のIT関連業者でつくる石巻IT・測量業協同組合などが協力してくれた。キーワードはやはり、「シェア」だった。

試作品は情報量がまだ足りない。それでも、企業を回る中で「ニーズはある」と実感した。現に、大手商社から商品の問い合わせを受け、対応できそうな企業を紹介したことがあった。

平塚さんも「例えば買受人協同組合が窓口となり、問い合わせに対し該当する企業を検索して紹介するという形なら、十分に実用化できる」と評価する。

共同販売事業の端緒をつくった佐藤さんは間

もなく、人材育成支援事業の契約期間が切れる。次の進路を考えながら、縁もゆかりもなかった石巻の水産加工業に関われて良かったと思う。

「水産加工業の人たちは荒っぽいところもあるけれど温かく、力を合わせて困難を乗り越えようとしていた。石巻の良さに気付かされ、前よりも好きになれた」

シェアがもたらす力への確信を深め、新たなステップに踏み出そうとしている。

◇

石巻市魚町の水産加工団地に、つち音が響く。東日本大震災で被災した石巻魚市場の再建工事が本格化してきた。今夏には、一部施設の利用が先行して始まる。

地盤沈下した団地一帯はかさ上げされ、真新しい工場が増えた。石巻水産復興会議「将来構想ワーキンググループ」のメンバーも国の補助金で工場を建て直し、事業を再開している。

二〜三週間に一度、月曜日の夕方。魚市場仮設事務所近くのプレハブに集まる光景は、活動開始から二年半がたった今も変わらない。

二月一七日の会合は七三回目となった。魚市場近くに市が整備を計画する多機能施設「市水産総合振興センター（仮称）」の概要などが議題だった。

「地権者の理解は得られているのか」「朝市のようなイベントに利用できないのか」。忌憚のない意見を出し合った。

WGは二〇一一年夏、水産加工会社の若手経営者らが発足させた。各社の冷蔵庫に残る大量の腐敗した魚の廃棄作業がきっかけだった。当時は工場再建のめどが立たず、共同加工施設の建設を目指した。

国の補助金の当てが外れ、プロジェクトは頓挫した。メンバーはめげることなく、魚市場の高度衛生化に向けて先進地を視察したり、販売力強化の勉強会を重ねたりした。石巻全体の復興まちづくりを視野に、多機能施設を充実させるためのワークショップも開いた。

試行錯誤を続けるうち、活動の幅はかなり広がった。それでも、共同代表の平塚隆一郎さんは「多くの水産加工会社を一つの大きな共同工場と見立てて役割分担し、石巻全体のブランド化につなげる。水産加工業の底上げを図ろうというスタンスは変わっていない」と断言する。

石巻魚市場の再建工事が進む水産加工団地

その言葉を実践するように、二〇一三年夏に大規模補修した自社工場は震災前より大幅に規模を縮小した。外注できる工程は他社に請け負ってもらい、味付けなど自社でしかできない工程を担う。過剰な設備投資を避け、各社がそれぞれの強みを生かし効率よく仕事を回していくことが狙いだ。

被災地の水産加工業界は新たな試練に直面している。原料となる魚の水揚げは回復が遅れ、いったん明け渡した販路は戻っていない。工場を再開しても、肝心の従業員が集まらない。

WGの活動や方向性に同調する会社ばかりでもない。ただ、震災を契機にした業者間の連携は、震災前から右肩下がりだった業界に新たな息吹をもたらした。

「ピンチはチャンス。買い手市場の水産加工業界の構造を変え、若者が憧れるような希望の持てる産業にしたい」。試練は進歩のばねになる。経験則から、平塚さんは悲観していない。


（二月二五日、二六日掲載）

二〇一四年夏〜冬

赤茶色の丸々とした塊が海から次々に揚げられた。船上でロープを引っぱる阿部誠二さん（三〇歳）の顔がぱっとほころぶ。

「いいなあ。予想したよりも大きい」。殻を割り、黄色に輝くホヤの身を父忠雄さん（六四歳）と分かち合った。大津波から三年三カ月余り。微妙なえぐみが甘さに変わる、深い味わいは健在だ。

六月下旬、宮城県石巻市の牡鹿半島東岸にある鮫浦《さめのうら》湾は、東日本大震災による被災後の二〇一一年暮れに湾内で種苗を付けた養殖ホヤが、初の収穫期を迎えた。喜びはつかの間、鮫浦港の風景が厳しい現実に引き戻す。

「浜の復興には格差が生まれている」と言う。防波堤が完成するなどしている同市桃ノ浦、寄磯《よりいそ》など宮城県管理の港と比べ、市管理の鮫浦は復旧が手付かずだ。防波堤のない港はしけのたび荒波に洗われる。

「二月の南岸低気圧の大しけで、わが家の刺し網用の船が流され、壊れた。今あるのは養殖用の船一艘。ヒラメ漁で収入を支えたかったが、ホヤで頑張るほかない」

二八戸あった鮫浦集落は津波で流され、跡形もない。阿部さんは、車で約一〇分の仮設住宅

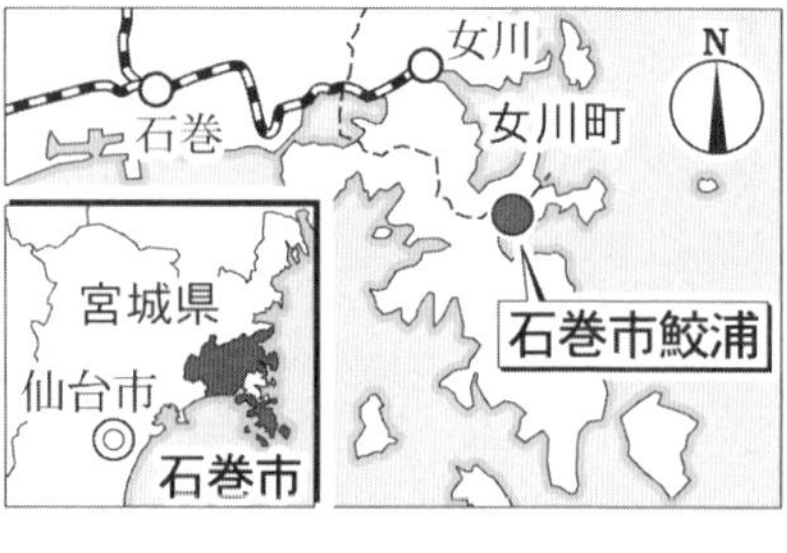

から親子で自宅跡に通い作業をする。周囲にはホヤの種付けの受け皿であるカキ殻の山がある。復旧支援に通った山梨県のＮＰＯなどのボランティアが集めた。

湾内には八〇〇本近い養殖ロープのカキ殻にホヤが育っている。一一軒ある地元の漁業者では一番多いが、まだ震災前の半分以下だ。

「販路が未開拓。販売応援のイベントはあるが……」と顔を曇らす。震災前は、水揚げするホヤの七、八割を九州などの業者が漁港で買い付け、水槽に入れて韓国に輸出した。東京電力福島第一原発事故後は日本の水産物の輸入規制が続く。

「ホヤは足が早い（傷みやすい）。保冷パックで二日と持たず、築地にも多く出ない。だから、味が遠くまで伝わらない」

模索しているのが、「蒸しホヤ」の活用だ。「蒸しホヤ」は地元の食べ方で、殻付きのまま切り、内臓を抜き日本酒で蒸す。真空パックで保存でき、そのまま食べても、麺類やパスタに入れてもうまい。

近隣の大原集落で水産加工を営んでいる知人が今春、被災した工場を再建した。一緒に商品化や販路開拓ができないか、試作品づくりなどの相談を始めた。

「津波で多くを失ったが、財産は支援に来た友人たち。山梨や東京で鮫浦のホヤを紹介してくれている。扱ってくれる店が増えれば、水槽で『活魚』の状態にして出荷できる」

もう一つの希望は、鮫浦湾上の種苗場で育つ若いホヤだ。カキ殻の一枚一枚に、ホヤが赤い粒々になってびっしり付いている。

「ホヤを知らない人たちにも新しい味を提案したい」。その夢を追う。

◇

東日本大震災の津波と東京電力福島第一原発

事故後の韓国の輸入規制で、二重の打撃を受けた宮城県石巻市のホヤ養殖漁業者に希望の光が差し込んでいる。地元の水産加工業者と協働し、二〇一五年春に「蒸しホヤ」を商品化しようと動きだした。全国から訪れたボランティアが、初めて出合ったホヤの魅力を口コミで広め、新たな販路も開けてきた。

この漁業者は石巻市鮫浦の阿部誠二さん。父忠雄さんと育ててきたホヤを震災の津波で失ったが、今年(二〇一四年)七月に水揚げを再開した。原発事故後、最大消費地だった韓国が日本の水産物輸入規制を続けており、販路なき苦境が続いていた。

希望を託す「蒸しホヤ」は、傷みやすいホヤの保存を兼ねた伝統の加工品。震災後、山梨県のNPOなど全国のボランティアが鮫浦を訪れ、ホヤ養殖の復活を手伝った。生きている天然ホヤや仮設住宅で阿部さんの妻が作る蒸しホヤを、

カキ殻で育っている赤いホヤの種苗を見る阿部誠二さん(右)と父忠雄さん

外国人を含めて大勢の人が「うまい」と頬張った。

「輸出に頼り、国内の販路は地元以外にほとんどなく、首都圏でホヤを説明することすら難

しかった。震災の後、千人以上のボランティアと出会い、ホヤの味に触れてもらった。それが財産になっていた」と阿部さんは言う。

ボランティアたちは帰った後、「地元で紹介したい。試食の蒸しホヤを送って」とメールをくれる人が相次ぎ、交流サイトで広めてくれた。「うちの店で使いたい」との予約も山梨、福島、神奈川各県から届き、「送った先でも多くの人がうまさを知ってくれた」と阿部さんは手応えをつかむ。

協働の相手は、鮫浦に近い石巻市大原で水産加工場を営む佐々木清孝さん（五六歳）だ。石巻市渡波《わたのは》にあった加工場が津波で被災し、今年五月に移った。二〇〇二年から韓国向けホヤ出荷に携わり、阿部さんから仕入れていた縁だ。

「蒸しホヤを作りたいが、鮫浦には水道も電気もなく、漁師の力では限界だと相談を受けた。今までにない販路に可能性を感じ、工場で試作を始めた」と佐々木さんは説明する。蒸し加工の機械を入れる予定で、二〇一五年四月に始まる次の水揚げに合わせ、商品化を実現したいという。

「市場、風評の壁を破るのは、人のつながり。食べてくれる人のためにホヤを育てたい」。阿部さんは新たな取り組みに期待している。

（七月六日、一二月三一日掲載）

四年目の冬に

東日本大震災で壊滅的な被害を受けた石巻市魚町の水産加工団地は、今だ更地が目立つが、それでも次第に工場ができてきた。大型の輸送トラックが行き交い、周囲には従業員や観光客をターゲットにした食堂などもオープンした。

その核となる石巻魚市場は、今年（二〇一五年）夏の完成に向けて急ピッチで建設が進められている。水産庁の方針を受け、石巻産の水産加工品を欧米に輸出できるよう、国際的な食品衛生管理方式「ＨＣＣＡＰ（ハサップ）」に対応した最新鋭の施設が整備されつつある。

だが、施設の再建は進んでいるものの、石巻の水産加工業界の現状は「復興」という言葉からはほど遠い状況にある。震災前から消費低迷に悩んでいたところへ震災が発生し、生産が停止して他産地に販路を奪われた。一度失われた販路はなかなか戻らない。東京電力福島第一原発事故に伴う水産加工品への風評被害も尾を引いている。

水産加工会社の経営者有志でつくる石巻水産復興会議「将来構想ワーキンググループ」の共同代表平塚隆一郎さんは、他にも不安に思っていることがある。

昨年（二〇一四年）秋から冬にかけて石巻魚市場に水揚げされたサバは、成長していない小型のものが目立った。小さいサバは値段が安く、水産加工品としても歓迎されない。「未成魚は禁漁にするなど資源保護に取り組まなければ、日本近海から原料の魚がいなくなる」

平塚さんの頭には、二年前に視察に訪れた北欧の漁業大国ノルウェーの資源保護の取り組みが今も焼き付いている。かつては日本と同様に資源減少に悩んだノルウェーは、資源保護のため魚種ごとに漁獲量の総枠を定め、それぞれの船ごとに割り振る「ＴＡＣ制度」を導入した。結果的に水揚げ量や魚の質は安定したという。

平塚さんは「欧米輸出を考える場合、大型で脂が乗ったノルウェー産のサバと競合することになる。国は魚市場の施設を立派にすることよりも、まず大型のサバを安定的に水揚げできるよう根本的な資源保護政策に取り組むべきだ」と訴える。

平塚さんたちのＷＧは、震災直後、被災した水産加工会社から腐った魚を撤去する作業をきっかけに結成された。震災前に戻るよりも震災をバネにさらなるステップアップを図ろうと、業界の共通課題に連携して取り組むことを目指してきた。販路拡大に向けた共同販売事業なども手掛けてきた。

だが、それぞれの工場が再建されて自社事業が再開する中、集まって話し合う回数が次第に減ってきたのは事実だ。取材していても、記事が手詰まりになってきているというのが正直な実感だ。

それでも、業界が抱える課題は変わらない。ライバル同士が手を携えて立ち向かう必要がある、と平塚さんは考えている。まして資源保護といったグローバルなテーマは、個々の事業者や一つの産地だけでどうにかできる問題ではない。水産加工業界のみならず、漁業者や国が一体で取り組むことが求められる。

「業界全体が良くならないと、自分の会社も良くならない」。WGのメンバーが共有してきたテーマは、今後の水産加工業界全体にとっても重要なメッセージだ。震災から四年という時間の流れの中で、活動する側もそれを取材して伝える側も模索が続いている。

河北新報社石巻総局・丹野綾子

河北新報社

東北6県を発行区域とする地域ブロック紙．1897年創刊，本社は宮城県仙台市．「不羈独立，東北振興」を社是とする．連載企画「植物人間」(1973年)，「スパイクタイヤ追放キャンペーン」(1983年)，「考えよう農薬，減らそう農薬キャンペーン」(1992年)，写真企画「こころの伏流水――北の祈り」(1994年)，同「イーハトーブ幻想――賢治の遺した風景」(1996年)，連載企画「オリザの環」(1997年)で新聞協会賞(編集部門)受賞．「東日本大震災」報道(2011年)では同賞のほか菊池寛賞を受賞．

3.11を心に刻んで2015　岩波ブックレット920

2015年3月5日　第1刷発行

編　者　岩波書店編集部

発行者　岡本　厚

発行所　株式会社 岩波書店
〒101-8002 東京都千代田区一ツ橋2-5-5
電話案内 03-5210-4000 販売部 03-5210-4111
ブックレット編集部 03-5210-4069
http://www.iwanami.co.jp/hensyu/booklet/

印刷・製本　法令印刷　　装丁　副田高行

ISBN 978-4-00-270920-8　　Printed in Japan